時のあわいに

きものの情景

清野恵里子
浅井佳代子

文化出版局

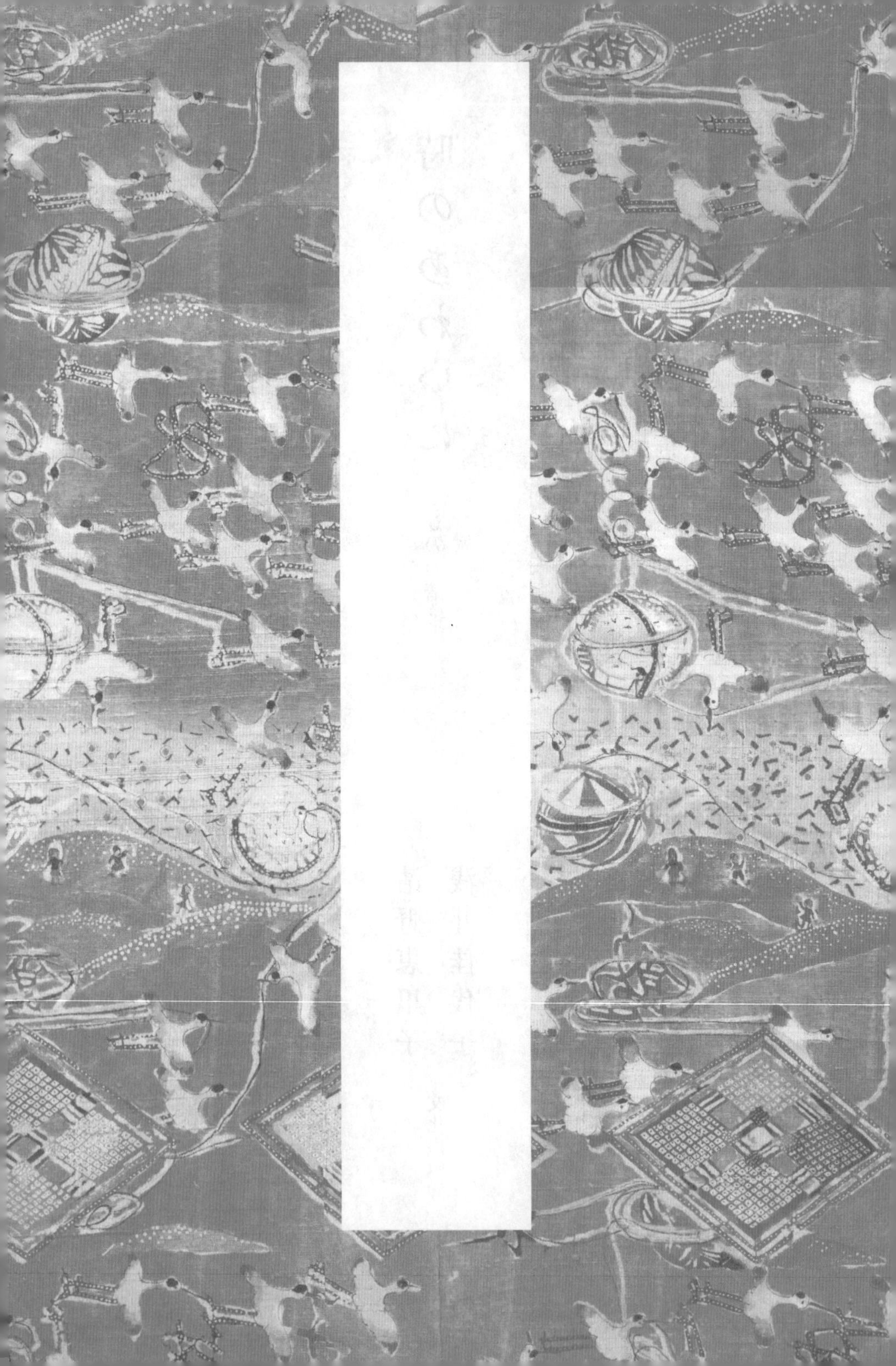

時のあわいに

きものの情景

扉・素描＝古澤万千子

時のあわいに　目次

秋めいて　93

特別な日　141

まえがき

二〇〇九年の「ミセス」一月号からスタートした連載は、「きもの随想」「きもの歳時記」「時のあわいに」とタイトルをかえ、二〇二一年四月号で最終回を迎えました。

前半の連載をまとめたものが、二〇一五年六月刊行の前著『折にふれて』。後半のほぼ六年分、七〇回の中から選んだ三八のエピソードを今回の『時のあわいに』に収録しています。三八話のうちの二話「久留米のひと、青木繁」と「小豆キャンディーのこと」を除くすべての回のきもの姿は、目黒区駒場にある日本民藝館の西館で撮影されました。

民藝館の西館は、かつて、柳宗悦が家族とともに過ごした自邸です。何度もこの建物に通って撮影を重ねるうち、いつの間にか、撮影のために拝借している場所ではなく、その場に臨んだ私たち全員にとって、少しも緊張を強いられることのない心地良い空間に変わっていきました。

二〇〇三年の初頭からスタートした「きもの熱」という連載（「メイプル」集英社刊）から、ほぼ二〇年近く二人三脚を続けている、浅井佳代子さんとふたり目指すようになっていたきもの姿の背景に、これ以上のものを望めないほどありがたい柳宗悦の旧宅でした。

振り袖姿の忽那汐里さんが真剣な様子でお琴に向かう「起き揚げの菊の花」の撮影日は、案じられていた台風直撃の予報が見事に的中して、東京は猛烈な土砂降り。お琴をお持ちいただきご指導くださった奥田雅楽之一《うたのいち》先生には本当に申し訳ないことでしたが、お天気に悩まされたのはこの一日だけ。

幸せなことに、お日さまに見放されることなく、台風の日も含めて、どの回もみな自然光で撮影されたものです。

単行本の制作に向け準備が始まったころ、一本の帯地がとどきました。鈴田滋人作、木版摺更紗「花合歓《はなねむ》」です。連載が終了する一年半ほど前、雑誌に掲載された訪問着「花合歓」を拝見して、この文様を染めた帯がどうしても欲しくなってしまい、ある方を介してまったくお目にかかったことのない鈴田先生に、厚かましいお願いをしたという経緯がありました。

残念ながら連載には間に合わなかったのですが、儚げな合歓の花の文様は、装幀の鈴木成一さんのアイデアで、本の表紙になりました。

本のカバーは、薄紅色の空に数えきれないほどの鶴が舞う訪問着、古澤万千子作品「はる」。長く続いた連載の最終回「春風入萬物」の中で、仙道敦子さんが仮絵羽仕立ての「はる」をお披露目しています。

『時のあわいに』の各章に添えられた愛らしい鶴さんたちは、古澤先生が「はる」と一緒に送ってくださった、『千羽鶴』（川端康成著　新潮社刊）の文庫に掛けた和紙に描かれた素描です。

おつむに紅を差した何羽もの愛らしい鶴さんたちが張り切って、この本の案内役を買って出てくれました。

春風入萬物

「桃色のちりめんに白の千羽鶴の風呂敷を持った令嬢は美しかった。」川端康成の小説『千羽鶴』の一節です。この作品は大映で映画化され、当初、主人公の菊治役に決まっていた市川雷蔵は、撮影に臨むことなく、公開の年、一九六九年の七月一七日、祇園祭の巡行の日に三七歳の若さで不帰の人となりました。

没後出版された本の中に、衣装合わせの日、共演の女優たちとにこやかに談笑する、雷蔵の写真が残されています。

二〇一九年のゴールデンウイークのころ。国展会場である六本木の国立新美術館の、大きなガラス窓の前に並ぶベンチに腰掛け、出品作の「はる」をめぐって、作者の古澤万千子先生とお話ししていた時のこと。

それまでも古澤先生とは幾度かお目にかかる機会はあったのですが、雷蔵のことを書いた私の本をお読みくださったことがきっかけとなって、親しくおしゃべりをさせていただくようになりました。お若いころ、とても厳しくていらしたお父さまに内緒で、浅草の映画館に通われたこともあるとおっしゃる先生が思い描くのは、雷蔵が演ずるはずだった「千羽鶴」の主人公、菊治。

薄紅色の空に飛翔する無数の鶴の姿を描いた「はる」は、その「千羽鶴」に因んだ作品でした。

中央公論社の編集者として一九六一年から一九七二年の逝去の年まで、川端康成晩年の担当をつとめた伊吹和子氏の『川端康成 瞳の伝説』の中に、千羽鶴の文様に触れたくだりがあります。

出版各社が競って全集ものを手掛ける中、中央公論から出版された全集『日本の文学』の売れ行きが好調で、その記念として収録された作品のいくつかを選び、それぞれの作品に因んでデザインされたきものや帯を展示。川端康成の『千羽鶴』から、夥しい鶴が飛ぶ裾模様を想像していた著者は、会場に展示された「青紫のような色の地に、折り鶴をぱらぱらと散らした着尺」に納得がいかず、後日、川端に尋ねると、何を今更という顔をした川端が「もちろん折り鶴じゃありませんよ。」と答えたというエピソードです。

古澤先生が描いた「千羽鶴」は、折り鶴ではなく、薄紅色に染まった空に、高く舞う無数の鶴たちの姿でした。

北の大地から飛来し、日本の各地で越冬する鶴の群れは、春先の晴れた日、空高く飛び立って、シベリアや中国東北部へ向かうといいます。夥しい数の鶴の群れ。絵巻のような美しさを想像してしまいます。

「はる」は、「春風入萬物」そのものの景色です。あたりに広がる自然に余すところなく吹き渡る、心地よい春風の恵み。はるか上空に群れ飛ぶ鶴たちの姿を、大地に遊ぶ子らが楽しげに見上げています。

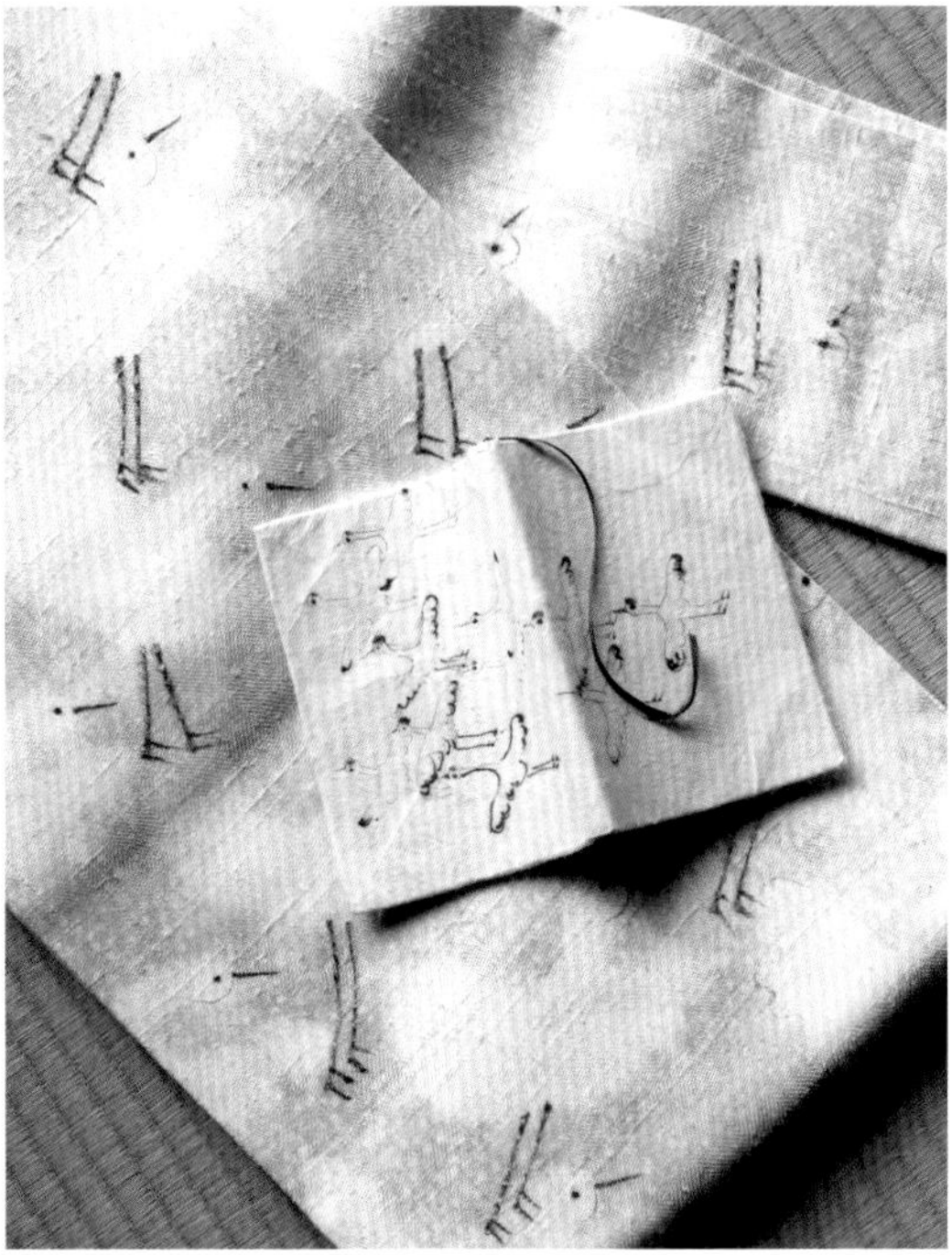

百十字の白地結城縮。絶妙な糊の抜き加減によってふんわりやわらかでなんとも言えない風合いが生まれる。精緻な十字は角通しのように、たてよこ格子状に並ぶのではなく、十字と十字の間に次の段の十字が入る。つまり、少しのずれも許されぬ熟練の技術が要求される。合わせた帯は、古澤万千子作「飛翔」。空色の地に、羽根を広げ群れ遊ぶ純白の鶴。すらりとした鶴たちの足に点々と差された金泥が確かな存在感を示す。万物がみな清らかで、明るく美しい季節、清明の景色である。

きもの　結城縮白地十字絣
帯　古澤万千子作「飛翔」
帯揚げ　栗金茶無地縮緬
帯締め　平家納経「厳王品」
きもの　古澤万千子作「はる」
文庫本　川端康成著『千羽鶴』（新潮社刊）に掛けた和紙のカバーに、鶴の素描（古澤万千子）

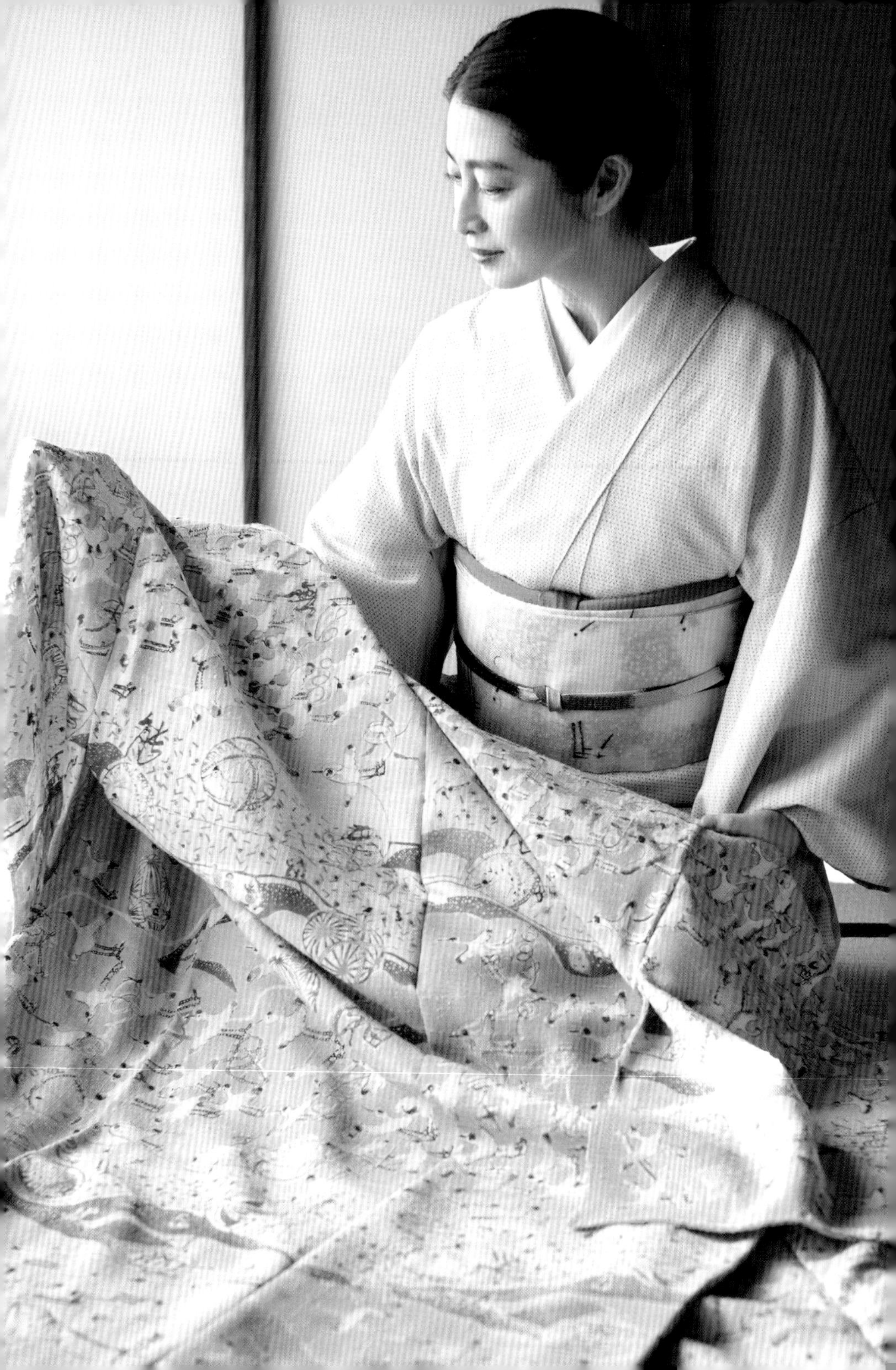

カバー写真　古澤万千子作「はる」より
表紙写真　鈴田滋人作 木版摺更紗「花合歓」より
ブックデザイン　鈴木成一デザイン室

春の周辺

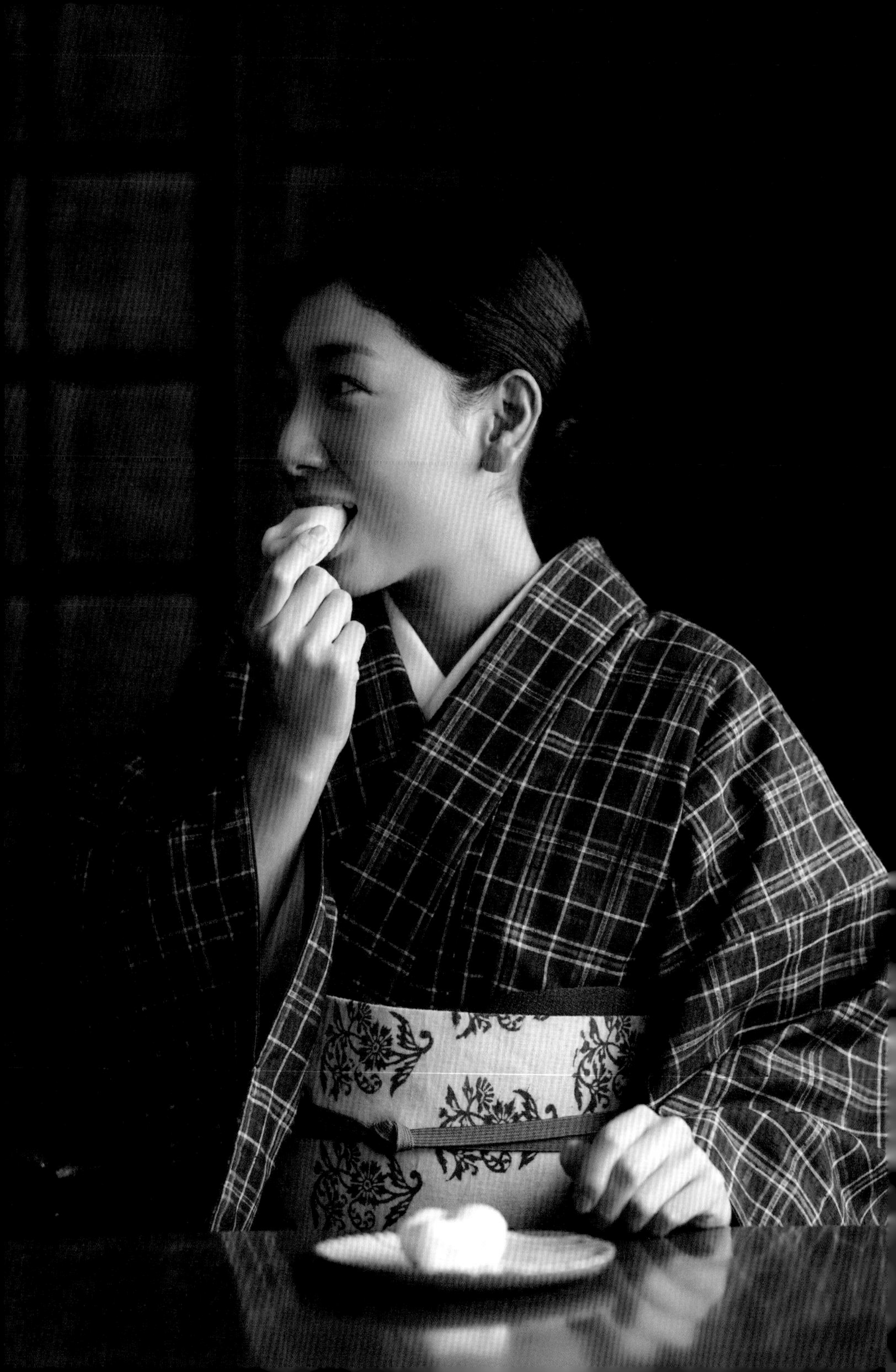

福は内

旧暦では、二十四節気の最初、立春が新しい年の始まりの日。その前夜の節分は、去りゆく年と、新しく迎える年をつなぐ大事な夜でした。

旧年の神様が去って、新年の神様がやって来るまでの、ほんのわずかな時間を狙ってやって来る恐ろしい邪鬼の存在が信じられていた時代。神様のいない真っ暗な闇にまぎれて現れるさまざまな異形の鬼たちの存在は、どうあっても家の中には入れてはならない恐怖の対象だったはずです。

鰯の頭を刺した柊の小枝を戸口にかざし、豆をまいて鬼たちを退散させる。人々が真剣な表情で行う、大切な節分の習いであっただろうと想像します。

いにしえ人にとって恐怖の的だった「邪鬼」たちの正体。ある時は、慎ましく暮らす集落の多くの命を奪う疫病や天変地異であったでしょう。為政者が、みずからの理不尽な行為を隠蔽するためその生贄とした、社会の最底辺に生きる人々であったかもしれません。

いわれなき責めを負わされて、行くところもなくさ迷う気の毒な鬼たちの姿が浮かんできます。

年号が平成から令和に変わって二年目を迎えたばかりの二〇二〇年。世界中の国々は思いもよらぬパンデミックという非常事態に見舞われて、一年半を経過した今もまだ、いっこうに終息の兆しは見えません。

そんな悩ましい状況の中、今年も迎えた節分の夜、友人が小学校の入学を目前に控えた娘の動画を送ってくれました。

驚くことに六歳にして相当な仏像マニアであるこのおちびさん。お利口にしていたご褒美としてママに連れられ訪れた、奈良のお寺の千手観音の前で突然固まってしまい、大切に貯めていたお財布の中身のすべてを、お賽銭箱に寄進したという、可愛らしいエピソードの持ち主でした。

自室のガラス窓にペタペタ貼ってあるのは、キャラクターのシールではなく、散華。きちんと正座して文机に向かう表情は真剣そのもので、拝観してきたばかりの千手観音様の「お姿」を、熱心に描くようなかなりユニークな少女です。

節分の夜、厚紙に自分で描いた赤鬼さんの大きなお面を背負い、華奢な体にはいささか重そうな一升枡を抱えて、一心に繰り返す「鬼は外、福は内」。動画から元気な声が聞こえてきます。

ご近所のひとり暮らしのお年寄りたちに、出張豆まきを買って出たというやさしいおちびさんの、無垢な「鬼は外」の声に、きっと鬼さんたちは戸惑っていることでしょう。

福は内

きもの　琉球古典紬
帯　和更紗古裂
帯揚げ　赤紫色無地縮緬
帯締め　高麗組　黄櫨染
銘々皿　河井寛次郎作　流し描皿五客揃
和菓子　季節の薯蕷饅頭「福は内」（さゝま）

赤味を含んだ地色の茶に、鮮やかな赤や黄、抹茶色の格子。格子の間から、羽を広げた鳥など琉球伝統の文様がのぞく若々しい趣の琉球絣である。和更紗の古裂で仕立てた帯は、木綿の生成りの地に弁柄ひと色で染めた矢車菊の文様。黄櫨染《こうろぜん》の高麗組と、赤紫に染めた帯揚げを取り合わせた。河井寛次郎の流し描皿にのせた和菓子は、神田駿河台に瀟洒な店を構える「さゝま」の節分のころの薯蕷《じょうよ》饅頭。ふっくらしたほっぺのお多福さんに因んだ名前は「福は内」。

ゆるゆるとして

靖国通りに面して古本屋さんが軒を並べる神田神保町の界隈を、のんびり散策する楽しみを知ってから半世紀が経ちました。思いがけない収穫があった時など、釣果を抱えて裏通りにある馴染みの喫茶店に向かいます。

そんな戦利品のひとつ、『潤一郎新譯　源氏物語』は終戦から六年が経過した昭和二六年、中央公論社から刊行されました。

題簽《だいせん》、装釘、地模様のすべてを担当したのは日本画家の前田青邨《せいそん》です。

八世紀の半ばから、奇跡のように途絶えることなく続けられる奈良東大寺二月堂の修二会。その一部始終を描いた前田青邨の絵巻「お水取」は、昭和三四年の第四四回院展に出品されています。絵巻で目にした燃えさかる松明や、練行衆の躍動感に圧倒されて以来、すっかり魅了されてしまった前田青邨が、装幀を手掛けた新譯源氏物語全十二巻です。

第四巻に挟み込まれた付録「紫花餘香」の最初に、「源氏について」と題して「私は源氏物語の装釘の一部をいまだに續けて居ります」という書き出しから始まる前田青邨の文章があります。青邨にとって楽しい仕事であることが語られ、さらにこう続きます。

物語を讀む毎に、次から次へと下繪になりさうな想が浮び、もみぢさくら萩すゝきと限りありませんが、なんとかして、かたい活字を少しでもやはらかく、美しく見せたい念願なのです。

　それにつけても、古への下繪の美しい三十六人集・古寫經・めなし經・金銀・砂子・切金・下つて宗達の泥描きなど、幾多の名品がしのばれてなりません。國力の回復とともに充實な仕事の出來る日がまたれます。


箱には「火取り」、表紙の表と裏にはそれぞれ「角盥《つのだらい》」と「灯臺《とうだい》」。いずれも平安貴族の暮らしの調度が描かれ、見返しの「産養《うぶやしない》」の図や、目次のページの、稜線に浮かぶ弦月と五重塔の景色、巻毎に変わる地模様などのすべてが、古美術の蒐集家としても知られた前田青邨画伯が、大いに楽しんだ雅な遊びのようにも思えてきました。

　ゆるゆると過ごす昼下がり。お気に入りのお菓子をお供に、香り高いお茶をいただきながら、あれこれと思いをめぐらすひとときは、極上の贅沢です。

龍村平蔵の袋帯「木下裂」の「木下」とは明代の渡来品とされる名物裂「木下金襴」に因んだ名称。龍村平蔵がこの名物裂を復元した丸帯「木下金襴」があり、白茶の青海波の地に、鴛鴦《えんおう》や龍、流水、荷葉などが浮かぶ。その中の雲と龍の文様を金銀、白の糸で織り出し、深い紫の石畳の地と絶妙なコントラストを見せる。古来、さまざまな装飾品に表現された龍の、天空に駆け上がる勇姿は人々の信仰の対象となった。

きもの　細縞の御召
帯　龍村平蔵製 木下裂
帯揚げ　葡萄（えび）色無地縮緬
帯締め　高麗組 香色
朱漆小皿　角偉三郎作
湯呑　初期伊万里
茶托　三葉八方
干菓子　「霰三盆」（徳島 冨士屋）
盆＝李朝木工品
本　『潤一郎新譯 源氏物語』（昭和二六年、中央公論社版）
装幀＝前田青邨

微酔に

一九五九年と翌年の六〇年に、上下巻で新潮社から上梓された山崎豊子の小説『ぼんち』。心奪われる装幀を担当したのは日本画家の中村貞以《ていい》でした。

幼いころの火傷が原因で指の自由を奪われた中村は、合掌して絵筆を持つという独自の工夫で書や絵画に非凡な才能を発揮し、数多くの優れた作品を残します。

表紙は、上下巻とも金で箔押しされた「ぼんち」の文字に、上巻は薊《あざみ》、下巻は竹の素描。前後の見返しには、小説につづられる主人公の酔態の様子など、著者の山崎豊子を大いに満足させたであろう『ぼんち』の世界が、大胆な筆致で描かれています。

戦前の船場を舞台とした物語『ぼんち』の主人公喜久治は、老舗の足袋問屋の五代目。曾祖母の時代から、祖母、母と三代続いて養子婿を迎え、本来なら待望の男子誕生だったはずなのです。ところが、喜久治が生まれた時、母の勢以は泣いて悔しがったという、少々特殊なお家の事情を背景にして、喜久治の絢爛たる放蕩ぶりが繰り広げられます。

そんな物語『ぼんち』に印象的な場面がありました。ともに家付き娘である祖母（きの）と母が、緋の毛氈《もうせん》を敷きつめた部屋で、床の間に飾られた豪華な雛壇を前に雛遊びに興ずる姿です。

きのは、白髪染めした髪を鬢《びん》の詰まった丸髷に結い、鼈甲の笄《こうがい》をさし、勢以は鬢の張った丸髷の根挿しに、大粒の珊瑚を挿している。揃って新調の紋綸子《もんりんず》の袷《あわせ》であった。赤い雛膳に、五品の菜《さい》を盛り、小さな紅盃に甘酒を注いでいる。

権高な祖母と、その祖母に頼りきりの家付き娘の母。二人の間で交わされる西の言葉の艶々として美しいこと。余談ですが、市川雷蔵が主人公の喜久治を演じた市川崑監督作品の大映映画「ぼんち」では、なよなよとして誠に頼りない母を山田五十鈴、権高な祖母を毛利菊枝が好演。このシーンは必見です。

さて、ちょっとひねった「雛遊び」を考えました。土佐日記の冒頭に「をとこもすなる日記といふものを、をむなもしてみむとて……」とありますが、あんな感じ。雛膳の紅盃の代わりに、骨董、とりわけ酒器好きな殿方を真似た取り合わせです。大きさの案配も良さそうな室町の根来の折敷《おしき》に、小ぶりの徳利は李朝の鶏龍山《けいりゅうざん》、盃は井戸。いかにも微酔といった表情のサクラさんから察するところ、徳利の中身は、どうも白酒ではなさそうな。

きもの　植物文様 一元絣 泥大島
帯　浅倉広美作 草木染め
平織と刺し子織 九寸名古屋
帯揚げ　弁柄色無地縮緬
帯締め　高麗組 蒲
折敷　根来 隅切盆(室町時代)
徳利　李朝 鶏龍山
盃　井戸
文中の引用は、山崎豊子『ぼんち』新潮社刊、紀貫之『土佐日記』岩波文庫

桜《はな》を待つ

名高い金峯山寺の本堂、蔵王堂。最初にお参りしたのは、一九九九年一〇月三日（日曜日）のこと。

毎年一〇月の第一土曜日に、奈良興福寺の境内で開催される塔影能の、この年の特別な舞台を拝見することが奈良行きの大切な目的で、「せっかくだから足をのばして」という蔵王権現様から叱られそうな、いわばおまけのような吉野詣でした。

上演されたのは、観世元雅《もとまさ》作と伝えられる能「重衡《しげひら》」。平安末期、父である平清盛の命により南都に攻め入って、東大寺や興福寺の堂塔伽藍一切を焼き尽くした平重衡を主人公とする修羅能です。

奈良のお寺にとっては憎き大罪人である重衡を題材とした能ですから、上演に際しては、周囲からの抵抗もかなりあったと聞きますが、当時のご住職の「懺悔を基調としたものであれば意味のある事」という英断により、東金堂に並ぶ仏様を前に、奉納の能が披露されることになったという経緯がありました。

観能の夜、ライトアップされた五重塔や、冴え冴えと光を放つ月など、この上もない演出のもと、境内に集まった人々が目にしたのは、心ならずも仏敵となって修羅の世界を彷徨う平家の公達、牡丹の花にもたとえられた平重衡の苦悩の姿です。

「重衡」を舞ったのは、ご自身がこの復曲を手掛けた、観世流シテ方、浅見真州《まさくに》師。何度か拝見した浅見師の「重衡」の中でも、この夜の舞台はひときわ深く心に刻まれています。

終演後、奈良から桜井に移動して多武峰《とうのみね》に一泊した朝、汗ばむほどだった前日とはうって変わり強く吹き付ける冷たい風にいささか戸惑いながら、タクシーで吉野に移動。木の葉が色づくのはまだもう少し先という風情の、山の景色を車窓から眺めながら、ようやく目指す蔵王堂に到着しました。

一重の裳階《もこし》を付け、一見すると二階建てのようにも見える入母屋造りの檜皮葺《ひわだぶ》きの屋根。東大寺の大仏殿に次ぐ大きさを誇る木造建築、国宝の蔵王堂が、一瞬たじろぐほどの圧倒的な力で迫ってきました。

あの日以来、付近の洞川《どろがわ》温泉の取材など、何度か訪れる機会に恵まれている吉野ではありますが、いつもすっかり葉を落とした桜の木ばかりで、名高い吉野の桜を目にしたことは、残念ながらまだ一度もありません。

寒さに震えた日、初めて訪れた蔵王堂からの帰り道、嬉しい収穫もありました。参道に軒を並べるお店の中にあった、柿の葉寿司「ひょうたろう」の文字。

やや甘めのすし飯に鯖の塩加減が絶妙な、このお店の絶品柿の葉寿司とのご縁は今も続いていて、あれから二〇年を超える歳月が流れています。

連載でもしばしば登場した葡萄《えび》色であるが、同じ色名で表記しても、帯揚げは、きものや帯、帯締めに合わせ、微妙に彩度や明度の異なるものを何枚も染めていただいている。熟した山葡萄の実のような深い赤紫の色を「葡萄色」と書いてえび色と読むのは、山葡萄のことを「えびかずら」と呼んだことによるらしい。

きもの　信州紬
帯　太子間道　九寸名古屋
帯揚げ　葡萄色無地縮緬
帯締め　高麗組　黄櫨染
鎌倉彫ぐり平皿（博古堂）
盛り付け箸（市原平兵衛商店）
柿の葉寿司（ひょうたろう）

ほころぶころ

初めて目にした添田敏子作品は、豊かな独創性が感じられる帯地でした。墨色の地に生命力あふれる葉を付けたスズシロが並ぶ「野苑彰《やえんしょう》」。抹茶色の地に大きさの異なる大の字を配した「大の字」や、濃い墨地に茶の濃淡、辛子色、藍で植物や王の字を散らした「宋春文《そうしゅんもん》」など。いずれも「型」におさまりきれない作者のエネルギーが感じられる作品を、ほぼ同じ時期に拝見しています。

私の仕事場からほんの数分という代官山の一角に建つ風の館という名のマンションの一階にお店を構えていた「伊兵衛工房」に、毎日のように通っていたころのことです。

この時期、オーナーの高林淑子《としこ》さんにお目にかかれたことで、その後、私がきものと帯や小物の取り合わせをする際の大きなヒントとなる、「民藝という名のモダン」という視点を見つけられたと思っています。

大胆な縞や格子の伊兵衛織に合わせる「力を感じさせる」帯は、高林淑子さんの眼で厳選されたものばかり。高林さんとご縁のある作家の方々の染め帯のほか、今では残念ながら目にする機会がなくなってしまった「取り合わせの醍醐味を存分に味わえる」、見る人によっては奇抜とも思える袋帯との出合いもありました。この時期見せてくださったたくさんの帯の記憶は、大きな財産になっています。

最初に織っていただいた伊兵衛織は、やや赤みを感じさせる鳶《とび》色の地に黒の二重格子、鳶八丈のうつしでした。そこで、鳶八丈に合わせ選んだ添田作品は、あのころ、お題目のように繰り返していた「浅葱《あさぎ》と茶」の組み合わせ。韓国舞踊に登場する楽器や道具を型染で表現した藍地の帯「韓舞具《かんぶぐ》」は、色数を抑えているものの、フォルムもコンポジションも添田敏子の世界でした。

あれからずいぶん時間が経過した、二〇一三年のゴールデンウイークのころ。国展の会場で思わず駆け寄ってしまった鮮やかな色彩が、久しぶりに拝見する添田敏子作品、型染の帯地「ゴザみだれ菊」でした。

昭和五四年に京都書院から刊行された『型染　添田敏子作品集』のあとがきに、「小学校に入る前から女の子らしくない絵ばかり書いては壁一面を埋めたものでした」という一節がありますが、添田作品の独創性は、すでに幼い日、間違いなくその萌芽があったようです。溢れるほどのエネルギーを感じさせる「ゴザみだれ菊」を、明るい雰囲気の久米島紬に合わせてみました。練《ねり》色の平唐組《ひらからぐみ》と、蘇芳《すおう》の帯揚げを添えて。

ほころぶ
ころ

薄墨色の地に、手折られた山桜の枝を散らした帯地「山桜」。やや濃いめの、これも墨地に鮮やかな色彩を大胆に重ねた「ゴザみだれ菊」。趣の異なる対照的な作品であるが、双方ともにさまざまな情景を思い浮かべ、取り合わせ心をくすぐる魅力に溢れている。墨色の濃淡という抑えた色調で描かれた慎ましい山桜には、甘やかな色目の結城の亀甲絣に合わせたらどうかなどと考える。

きもの　久米島紬
型染め帯　添田敏子作「ゴザみだれ菊」
帯地　添田敏子作「山桜」
帯揚げ　蘇芳色無地縮緬
帯締め　練色無地平唐組

母のひとこと

四〇代に入ってすぐに、髪を染めることをやめました。以来、鏡の前に座って長い時間過ごすことが大の苦手だった美容院に行くこともなくなって、ヘアメイクの方がくださったプロ仕様のハサミで、伸びた毛先をチョキンと切るだけ。束ねた髪をバレッタで留めるというごくごく無造作な髪形を続けています。

癌の治療で入院中の母を見舞った時のことです。病室のテレビの画面に映し出されていたのは、皇太子ご成婚の報道。沿道に向かってにこやかに手を振られる雅子さまの姿に、母はとても感動していました。

ご成婚は一九九三年の六月でしたから、母は七四歳のお誕生日を迎えたばかり、私はもうじき四三歳、そんなころでした。

暖かな日、術後の経過も順調で気分も良さそうな母を連れ出して、予約しておいた病院近くの美容院に向かいました。

日ごろお洒落だった母は、久しぶりに美容師さんの手にゆだねる時間を、心から楽しんでいる様子。ところが、目の前の大きな鏡に映った娘の姿を見た母が、一瞬複雑な表情を浮かべます。

「白髪はちゃんとお手入れしないと、みじめよ」

身に着けるものと言えば、もっぱらグレーやベージュばかり。髪を染めるのをやめたことにだって私なりの強い意志とこだわりがあったのですが、そんな娘とは対照的で華やかなことが好きだった母にとっては、まったく理解できないようでした。四十路を過ぎた娘の白髪を自分の老いに重ねて、少なからずショックを受けたのでしょう。あの時の母の歳に近くなってみれば、母の気持ちを少しわかってあげられるような気がしています。

「みじめよ」は母の口癖。帯枕をくるむガーゼはいつも真っ白で、簞笥《たんす》の小引き出しには真新しいモスリンの腰紐や博多の伊達締めをきちんと並べ、とにかく身の回りのもの、身に着けるものを「清潔に」は、母の流儀でした。

ほどなくして、退院した母から届いた定期便の食材の隅に、そっと忍ばせた小さな箱には、ゲランの赤い口紅と香水、真っ白な麻のハンカチと、可愛らしい手鏡が。いつもお化粧っ気のない困った娘に「せめて口紅くらい」という母の気持ちが込められていました。翌年九四年の秋、癌が転移して、母は他界します。

幼いころから続けていた日本舞踊や仕舞のお稽古事で、きものを着る機会は少なくなかったのに、すべて母任せ。母が大好きだったきものにまったく興味を示さなかった娘が、こんなことになるなんて。天国の住人になっているはずの母は、さぞ、びっくりしていることでしょう。

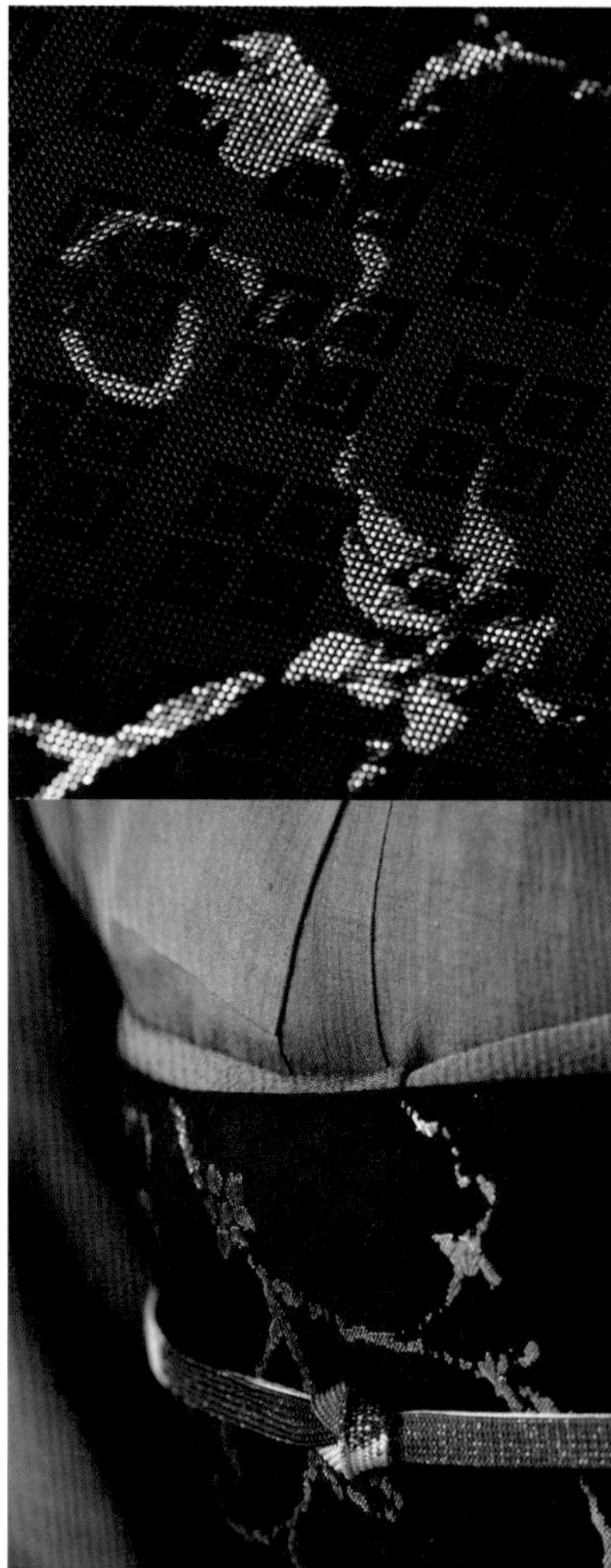

きもの　無地結城紬
袋帯　帯吉製　純金箔一重唐草
帯揚げ　栗金茶無地縮緬
帯締め　平家納経「厳王品」
姫鏡　蓮（博古堂）

臙脂色の帯の地模様は、有職柄の菱文様。雅な竹垣に見立てた菱の文様にからむ唐草。「筆致」と呼びたくなるほど、筆のかすれのニュアンスまで見事に表現されている。軒深い日本家屋のほの暗さの中でわずかな光を受け、はっとするほどの輝きを見せる。名物裂をうつした一重蔓牡丹や二重蔓牡丹とは異なる趣の魅力的な帯である。

書斎にて

一九六九年の夏、三七歳という若さで不帰の人となった映画俳優、市川雷蔵の本を書くと、ある日突然宣言して周囲の友人たちを驚かせたものの、映画評はおろか俳優論も評伝も書いたことなどなく、勢いばかりで後先のことも考えず未知の領域にいきなり踏み込んでしまった私にとって、「日本の古本屋」というウェブサイトは誠にありがたい存在でした。何しろ、日本全国津々浦々の古本屋さんが出品していて、たとえば「市川雷蔵」と検索するだけで、膨大な数の、資料になりそうな本や雑誌が、パソコンのモニターに映し出されるのです。

町の古本屋さんをまわって探す余裕などまったくない切羽詰まった状況でしたから、何箱もの段ボールがいっぱいになるほどの参考資料を集められたのは、ひとえにこのサイトのおかげです。

つい最近、ふと思いついて検索の欄に「仲町貞子」と入れてみました。

二〇代の終わりに読んだある評論集の中で、この作家の小説集『梅の花』所収の、「音《お》吉《と》」という掌編に触れた文章に出合いました。主人公の健気《けなげ》な少年の描写に強く惹かれ、どうしてもこの本を読んでみたくなって、何軒もの古本屋さんを訪ねたのですが、どうしても見つけられません。考えた末に思いついたのが、当時朝日新聞の紙面にあった読者のページに投稿することでした。

その後しばらくして、匿名の方から、「どうぞお気兼ねなく」と書いた一筆箋を添えた『梅の花』が届きました。

お礼の言葉をお伝えするすべもなく数十年の時間が経過。その間にはさまざまな事情もあって、引っ越しなど繰り返すうちに、ご好意で送ってくださった方には本当に申し訳ないことですが、いつの間にか『梅の花』は私の手元から消えていました。

今、目の前に、「日本の古本屋」の画面に現れた仲町貞子の著作の中から選んで取り寄せた一冊、美しい装幀の『仲町貞子全集』が置かれています。

大きなお屋敷の一角に建つ藁葺《わらぶき》家に、この家の奉公人であり、馬の世話をする父とふたり慎ましく暮らす音吉。

馬を連れ朝早く出かけると暗くなるまで帰らぬ父を待ち続けるうちに、女中部屋の隅っこでぐっすり眠ってしまう音吉ですが、「ぼん」と言う父のひと声に目を覚まし父に飛びついていきます。

カンテラ一個の灯で照らされる六畳一間で交わされる父子の微笑ましいやりとりなど、三〇代を前にしたころ強く印象付けられた、音吉の変わらぬ健気な姿が懐かしく、胸の奥の方がツーンと痛くなっていました。

書斎にて

きもの　泥染め　幾何学文様大島
帯　飯田紬崩し格子、八寸名古屋
帯揚げ　弁柄色無地縮緬
帯締め　薄茶無地平唐組
ノートパソコン　Apple 13インチMacBook Pro
ダイヤリー　クオバディス

再会する

「太子間道」の「太子」とは、言うまでもなく聖徳太子のこと。聖徳太子ゆかりのお寺、法隆寺に伝わる渡来の裂「広東錦」をうつした文様です。間道と言えば、一般的に縦縞や横縞、格子縞など、縞の織物のことを言いますが、「太子間道」の「間道」は中国の「広東」がその名の由来だとされ、複数の色に染めた経糸《たていと》と赤系統の緯糸《よこいと》を使って平織りされたインドネシアの布、イカットのような絣裂《かすりぎれ》のことをさしています。

ある年の夏、「シルクラブ」の西村花子さんが見せてくださった何本かの着尺の中に、十数年前に出合って強く印象に残った絣の御召「太子間道」がありました。

京都の室町二条に大きな社屋を構える西陣御召の「矢代仁」さんを、女性誌の取材でお訪ねした折に拝見したのが「太子間道」でした。矢代仁の創業は享保五年。西暦に直せば一七二〇年ですから、三〇〇年続く老舗です。

熟練を重ねた職人さんたちの技を結集して生まれる西陣の布を撮影した日、一反の御召が織り上がるまでの数ある工程の中でとりわけ目を引いたのが、絣括《くく》りの職人さんの姿でした。

きちんとプレスされたズボンに、襟のボタンをひとつだけはずしたワイシャツ姿。作業場の、整理した経糸が図案通りに並ぶはしごと呼ばれる道具の前に、背筋をピンと伸ばして立つ水上政行さんには、物静かな大学の先生のような雰囲気がありました。とても手のかかる複雑なお仕事ほど楽しそうに、時にはご自宅にまで持ち帰って寝食を忘れて没頭なさると、誇らしげにおっしゃっていらした奥さまの言葉が思い出されます。

取材の日から一五年が経って再会した「太子間道」。仕立て上がって届いたきものに添えられた一枚の説明書きに、図案の設計、絣括り、はしご経巻を担当した、水上政行さんのお名前を見つけました。制作にかかった日数は二年六か月、本括絣に九〇〇日を要した西陣絣の中でも最も高度な絣柄であることが記されています。

残念ながら、水上政行さんは、平成三〇年に逝去。美しい絣柄を生む絶対条件である、複雑極まりない糸括りの技術を継承する後継者が不在であることが文尾に添えられていました。

きものにまつわるさまざまなことに触れるようになってから、たびたび目にするのは「後継者不在」という悩ましい現実です。優れた伝統の技を伝えることの難しさをたびたび実感しています。

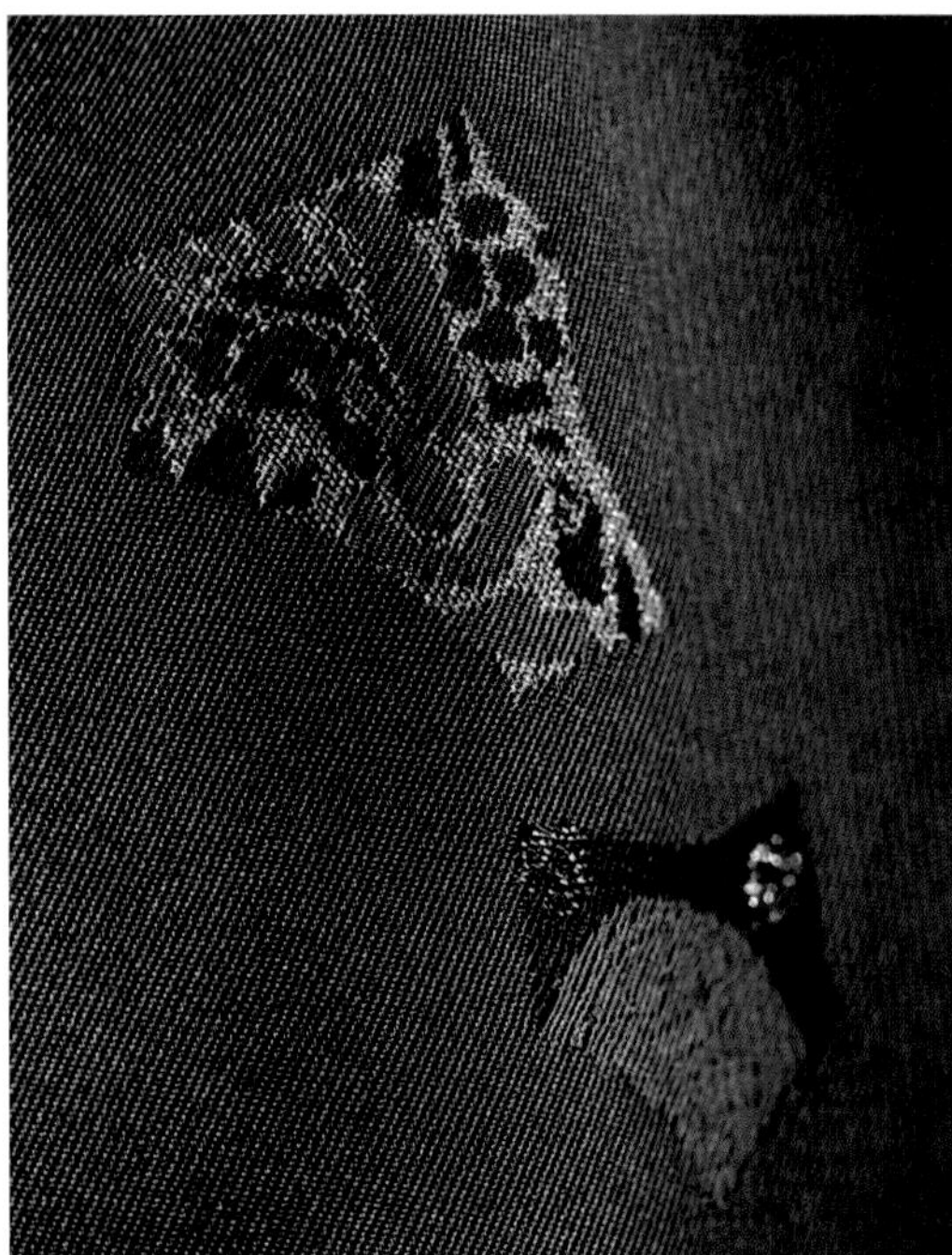

静かで豊かな存在感を見せる太子間道の御召に、合わせる帯がなかなか見つからず困っていた時に出合った綴れの帯。焦げ茶の地に、小さな綴れのモチーフが散る。時折金糸がきらりと光り、金彩がほどこされた京焼の陶片にも見える。

きもの　矢代仁 本括り御召「太子間道」
帯　切り嵌め文様の綴れ
帯揚げ　赤紫色無地縮緬
帯締め　鎌倉組「浮糸」
襖の張り布　葛布 日本民藝館所蔵

「すがれ」に宿る

藍の地に浮かぶ型染めの鷹の羽の意匠。手紡木綿の感触はふくふくと心地よく、幾度も水をくぐり太陽の光を浴びて褪色した藍の地には、得も言われぬ深い味わいがあります。なかなか面白い帯に出合えない時になど、駆け込み寺のように飛び込んでしまうのが、青山の骨董通りに店を構える「古民藝 もりた」さんです。

奥さまの森田和子さんが見せてくださる明治期の布団がわの布には、いずれも抗しがたい魅力があって、それまでもたびたび驚かされていたのですが、亀甲絣の白薩摩に合わせた、藍地木綿の古布には別格の存在感がありました。

鷹の羽という文様の力強さを少しも損なうことなく、繊細なうえに完璧な形に表現されていて見事としか言いようがありません。

森田直さん、和子さん夫妻が営むお店古民藝もりたの開店は、昭和四五年（一九七〇年）のこと。

お付き合いを重ねるようになってしばらく経ったころ、親しい編集者の方が声をかけてくださって『きものの愉しみ 帯あそび』という本を作りました。

帯に見立てたのは、ご主人の森田直さんが、日本国内はもとより、世界各地から集めたさまざまな古い布。インドの茜の鬼更紗《おにさらさ》や、インドネシアのイカットにバティック、中国やペルシャの布など、人々の暮らしの中でさまざまに使われ、経年変化を味方にした得難い布ばかりです。

我が家の一室をスタジオにして、結城や大島、夏の上布などの上に、バラエティ豊かな古裂を帯に見立てあれこれと取り合わせて撮影するという楽しい時間を過ごしました。「鷹の羽」の型染めとの出合いはこの時です。

昔からお店に通われている常連さんたちにうかがうと、古民藝もりたが開店した当時の和子さんは、黄八丈や大島などをきりっとかっこよく着こなし、お店に立っていらしたとか。飛騨高山に生まれ育ち、幼いころから和の文化に触れて育った和子さんの、小柄なきもの姿が目に浮かびます。

その当時、ご主人が仕入れた「鷹の羽」文様の布団がわの布を、ひとめで気に入ってしまった和子さんがご自分用にと仕立て、実際に締めていらしたというお気に入りの帯でした。

藍で染めた布が、いい感じに色褪せた状態を「すがれ」という言葉で表現することが正しいのか、正直よくわかりません。いつのころからか、私は愛着を込めてこの「すがれ」という言葉を使うようになっています。

「すがれ」に宿る

きもの　永江明夫作　亀甲絣白薩摩
帯　型染の古布　布団がわ
帯揚げ　葡萄色無地縮緬
帯締め　金茶無地平唐組

久留米のひと、青木繁

休講続きの大学時代、有り余るほどの時間は、少しばかりのアルバイトの時間を除くと、もっぱら映画やお芝居、美術館通いに充てられていました。

そんな時代に出合い、今も変わらず理想の女性の姿であり続けている二枚のポートレート。一枚は黒田清輝の「婦人肖像」であり、もう一枚の「女の顔」は青木繁の作品です。肖像画のモデルとなったのは、黒田の妻、照子と、ほんのわずかな時間、青木繁の伴侶となった福田たね。この二人の女性に共通する輪郭の美しい面長の顔立ちと、大きく見開いた切れ長の目は、どこかエキゾチックな雰囲気を漂わせます。

福岡県の久留米から画家を志して上京した青木繁と、画塾「不同舎」でともに学び恋人となったのが福田たねでした。この作品が制作された年と同じ一九〇四年に、代表作「海の幸」を発表。翌年、一九〇五年には長男の幸彦が誕生します。

二年後の一九〇七年、一家が滞在していた茨城に、故郷から父危篤の知らせが届き、青木は母子を残して単身帰郷するのですが、実父が亡くなった後も、再び妻子のもとに戻ることはありませんでした。

短い生涯で、日本の美術史上に残る名作を次々と発表しながら、名声を得ることのないまま不遇な生活を余儀なくされていた青木には、茨城で夫の帰りを心待ちにするたねと、息子幸彦を養う力はありません。

九州各地を放浪の果て、持病の肺結核を悪化させて一九一一年、享年二八という短い生涯を終えることになります。

深い藍の色に浮かぶ毘沙門《びしゃもん》亀甲の文様は、久留米絣です。縁あって私のもとに送られてきた一反の絣を目にした瞬間、何十年ぶりかであの二枚のポートレートが浮かびました。

黒田夫人がゆったりと身に纏《まと》っていたのは結城か大島か、落ち着いた唐草文様のいかにも上品な紬です。一方、慎ましい木綿の白いブラウス姿の若妻、福田たね。青木繁の故郷で染められ織られた藍の絣に誘われ、年若い妻、たねに久留米絣を着せてあげたい。そんな衝動に駆られていました。

油彩の絵の具を絞り出したパレットのような色目と質感の帯が、個性的な世界を演出して、女優、蒼井優さんが演じてくださった福田たねです。

京橋のブリヂストン美術館*の展示室に並ぶ、青木繁の作品の中に、赤銅色の肌を輝かせた裸の男たちが銛《もり》を担い、獲物の巨大な魚をかついで誇らしげに砂浜を行進する代表作「海の幸」があります。屈強な男たちに交じって、ひとり不安げな視線を見るものに向ける少年のような顔。東京美術学校卒業の年、制作され、青木繁の名を不動のものにした「海の幸」の、不安げな顔のモデルは福田たねだと伝えられています。

＊二〇二〇年、アーティゾン美術館と改称。

久留米のひと、
青木繁

きもの　毘沙門亀甲　久留米絣
帯　藍、辛子色、赤茶段に幾何学文様　八寸名古屋
帯揚げ　弁柄色無地絽縮緬
帯締め　濃紺無地平唐組

夏の訪れに

職人さんたちのこと

還暦を迎えるころ、そろそろ「老後」という二文字が頭の片隅に浮かぶようになって、長年暮らしたコンクリートの四角い箱のような我が家を、建て替えることに決めました。

敷地面積三〇坪のささやかな土地です。何人かの設計者に相談したものの、土地の狭さがネックとなって、斬新なアイデアが示されないまま、あきらめかけているときに建築家Kさんとの偶然の出会いがありました。

基本設計に至るまで、毎週の土曜日、設計者のKさん夫妻と私たち四人で集まっては、あれこれと意見を交換し合った結果、示されたプランに興奮し、建築家の徹底したこだわりから集められた、職人さんたちひとりひとりの力に驚かされる毎日が始まりました。

小さな我が家のために、さまざまなご縁で集まってくださった、腕の良い職人さんたちが働く現場には、わくわくするようなたくさんのエピソードがありました。

山形県新庄市の工務店の棟梁Wさん。棟上げの日、お米や野菜、お酒を供えて、きちんと正座すると、白扇を手に謡を披露。巧拙を超えて心にしみるいい謡でした。

我が家の裏の空き家を一年近く借りて、現場事務所兼宿舎にしていた工務店の大工さんたちが山形に引き上げる日、新庄の言葉が聞けなくなると寂しがってくださったお隣のご夫妻には、工事中の騒音などでずいぶんご迷惑をおかけしてしまったはずですが、時折おやつの差し入れをしてくださったこともあったとか。工事現場に漂う長閑な雰囲気は、あの外国語のようにも聞こえてしまう新庄弁のおかげだったと思い返しています。

酷暑の中、冷房の効かぬトラックに材料を積んで、息子さんと一緒に讃岐から駆けつけてくださった熟練の左官工、貴重な文化財の補修も手掛けるIさんが担当してくださったのは、お茶室の土壁でした。手慣れた様子で小舞《こまい》をかく名人Iさんの姿を食い入るように見つめていたのは、難しそうな天井の傾斜や、変化に富む壁面など、家じゅうの大津壁を仕上げてくださった左官工のYさん。

外壁の左官工事に動員された若い職人さんたちが、車座になって讃岐の名人Iさんの話を熱心に聞き入る場面もありました。ピカピカに手入れされた、大きさも形もさまざまなIさん所有の左官ごてに向けられる、羨ましそうな若い職人さんたちの熱い視線。なんとも微笑ましい風景でした。

あれから一五年を超える歳月が過ぎ、時間の経過とともに、雨風にさらされて傷んだ竹穂垣や、庇のこけら、裏の杉皮塀もそろそろ交換の時期になりました。あのころの現場の楽しさを思い出しながら、藍の作業着に身を包んだ植木屋さんたちのきびきびと働く様子を眺めています。

帯にのせた高麗組。左から、纁、金茶、黄櫨染、蒲

きもの　多色遣い変わり格子紬
帯　透かし織八寸名古屋
帯揚げ　赤味の灰白色無地絽縮緬
帯締め　高麗組　纁

単衣に仕立てた変わり格子の紬に、格子の帯を合わせ、チェック・オン・チェックの面白さを楽しむ。きものの弁柄色と藍、白茶の三色に対し、帯は地の幹色に茶と白茶の格子。ところどころに焦げ茶と藍の色が見える。きものの変わり格子は、古い商家の連子窓《れんじまど》のようにも、鮮やかな色を重ねた鎧《よろい》の縅《おどし》のようにも見える。帯揚げは、赤味の灰白色。帯に載せた四本の高麗組、左から纁、金茶、黄櫨染、蒲から、纁を選んでいる。

朱《あけ》をさがす

母方の祖母の名前は群馬しん。享年四九という若さで他界したこの祖母の顔を知らずに育った私たちは、しんの妹、てるのことを「倉内のおばあちゃん」と呼び、てるもまた、実の孫のように私たちのことを可愛がってくれました。

故郷はかつての城下町。往時をしのばせる町の名が残っていて、そんなひとつ、おばあちゃんが暮らす西倉内には、私たちが通った小学校もあり、そのすぐ先には城址公園もありました。

ランドセルを背負ったまま、おばあちゃんの家に立ち寄ることがいわば日課となった、おてるおばあちゃんと私の「濃密な時間」は、小学校に通い始めたころから、少し離れた中学校に入学するまでの六年の間続きました。

松の枝がのぞく通りに面した板塀をぐるりと回ったところに植えられた、前栽の八つ手の大きな葉があまり好きではなかったことや、玄関の格子戸をあけた時に鼻をかすめた三和土の少し湿った匂いなど、幼いころの五感の記憶が、何の脈略もなく不意に浮かんでくることがあります。

あがり框《がまち》にランドセルを置き、茶の間に置かれた大きな欅の火鉢を挟んで、茶色のティーカップに注がれた日東紅茶に添えられたカステラをほおばりながら、若いころのおばあちゃんの話に耳を傾けたり、縁側に座って本を読んだりと、弟妹たちに邪魔されずに過ごす密かな時間を楽しんでいたのかもしれません。少しおませな小学生でした。

あの薄暗い日本家屋で目にした光景、たとえば二階の客間の違い棚に置かれた小さな観音様や、白磁の香合のこと、なんとなく気味が悪くて、いつも目を合わさないようにして前を通った鷲鼻の黒い舞楽面など、子どものころの記憶は案外はっきりした輪郭で甦るものです。

晴れた日、長い廊下の突き当たりの扉に嵌められた色ガラスを通して差し込む光や、おばあちゃんが大切にしていた細長い金唐革の箱に入っていた珊瑚玉や翡翠の髪飾りは、「美しいもの」という記憶の引き出しに無意識のうちにしまわれています。

あのころ桑の茶箪笥の棚に大事そうに置かれていた、九谷焼の茶器の鮮やかな朱の色は、目にしたあれこれの中でも、私にとっては特別な存在でした。

帯やきものを取り合わせる時に、決まって欲しくなってしまう二種類の赤の色味。ひとつが臙脂《えんじ》や茜のような赤と、もうひとつが朱の色味で、気がつけば帯やきものの文様や織糸に、赤の色味を探しています。

大学卒業のころ、久しぶりに訪ねたおばあちゃんから、卒業のお祝いに何がいいかと聞かれて、恐る恐るおねだりしたのが例の九谷の煎茶器揃いです。

私の朱色への偏愛のルーツは、断然この九谷。勝手にそう思い込んでいます。

朱を
さがす

きもの　藍地の結城紬
帯　型染帯　添田敏子作「師岡風景」
帯揚げ　赤紫色無地絽縮緬
帯締め　紫無地平唐組
煎茶器揃い　九谷焼

能楽堂で

千駄ヶ谷の国立能楽堂。その中庭に差し込む、きっぱりとしたお日さまの光は、長く続いた梅雨空から解放された証なのですが、盛夏の季節の館内は、思いのほかひんやりとしています。絹の装束を幾重にも重ねて舞う演者を、思いやってのことかと少々恨めしくなるほどの冷気。この時期の観能には薄いストールが欠かせません。

能二番が組まれたこの日。プログラムの後半を前にした休憩時間に、ロビーでお見かけしたのは歌人の馬場あき子先生でした。

観世流シテ方浅見真州師の事務局を仰せつかっていた時期に、自主公演で観客の皆さまにお配りするパンフレットに掲載する対談のお相手を、馬場先生にお願いしたことがありました。

対談のテーマは、その年一九九九年の公演の演目「姨捨《うばすて》」でした。いわゆる「老女物」は演者である浅見師にとって、魅力的な作品であるとともに永遠の課題。馬場先生にお聞きになりたいことは山のようにあったはずです。

それまでおふたりにはお話しする機会がなかったということが不思議なくらい、打ち解けた様子で楽しそうに交わされるひとことひとことに思わず引き込まれてしまって、予定の時間を大幅に超えた対談のテープ起こしに苦労したことが思い出されます。

七〇年安保の翌年、当時大学三年生だった私にとって、特別な一冊となった『鬼の研究』は、一九七一年に馬場先生が上梓なさったご本です。いわばあこがれの存在であった著者と、その後三〇年近い歳月を経て、親しくお話をさせていただくきっかけとなったのがこの対談でした。

先生のおきもの好きはつとに知られるところ。この日のお召しものは、淡いねず色の絽縮緬。胡粉《ごふん》の白が映える、やさしげな草花の文様を散らした友禅の訪問着でした。

とろりとした風合いと、しなやかな重みを感じさせる絽縮緬は、ひんやりした能楽堂で過ごすひとときには、誠に相応しい素材です。

演能の前に解説をなさっていらした先生の、背筋をしゃんと伸ばしたおきもの姿を見所《けんしょ》から拝見したばかり。ほんのわずかな時間に、取り合わせのことなど、あれこれうかがったことを覚えています。

あの日、先生がおっしゃっていらした「絽縮緬って、いいものよ」というひとことが、いつも頭の片隅にあって、京都に出かけた折、足を延ばして宇治にお住いの染織作家、品川恭子先生のお宅をお訪ねしました。

それから数か月が経過して、送っていただいたのが、絽縮緬に染めた友禅の訪問着「雁渡る」。品川先生にすべてお任せして作っていただくことに少しの不安もなく、素材が絽縮緬であること以外、地色も描かれる文様もすべて品川先生にお任せした作品です。

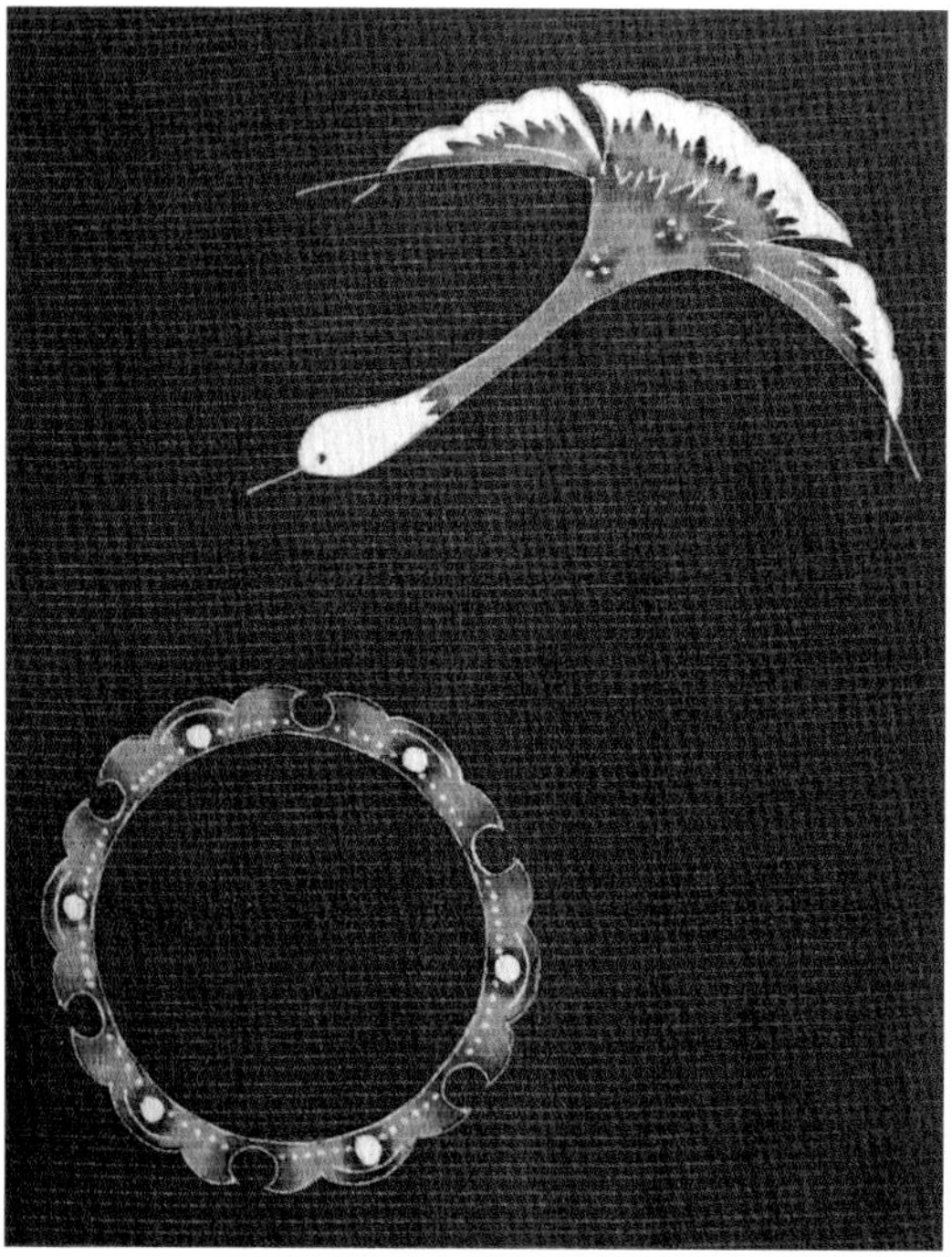

わずかに赤味を感じさせる茶色の地に、藍とねず色の濃淡、胡粉の白で描かれているのは、飛翔する雁に雲、そして雪輪。品川作品の中には、琉球の伝統柄、紅型の文様をうつしたものがあるが、いずれも独自の形と色で、洗練されたモダンな世界に昇華される。

きもの　品川恭子作　絽縮緬訪問着「雁渡る」
帯　金銀糸、流水文様絽綴れ
帯揚げ　赤味の灰白色無地絽縮緬
帯締め　平家納経「阿弥陀経」

初夏の風を感じて

一二年あまり、通算すると一五〇回に少し足りないくらいの回数を重ねた「ミセス」の連載。そのきもの姿のほとんどは、目黒区駒場の閑静な住宅地の一角にある日本民藝館の前の、通りを挟んだ向かいに建つ西館と呼ばれる柳宗悦の旧宅で撮影されました。

柳自身の設計とされる建物の完成は、民藝館開館の一年前の一九三五年。以来一九六一年の春、七二歳で逝去するまで、柳宗悦一家の生活の場となりました。

いつのころからか、私たち撮影チームは西館を訪れるたびに、栃木から移築した石屋根の長屋門にあたたかく迎えられているような幸せな気分を味わうようになっていました。

大谷石を敷いた広い玄関ホールの正面には経過した時間を感じさせるカップボードが置かれ、壁には、現・中国吉林省にある高句麗時代の狩猟図壁画の写真が額装され飾られていました。

かつて、柳宗悦のもとに集った民藝運動の旗手たちの、団欒の間としても使われたダイニングルームと、それに隣接する畳の部屋がメインの撮影場所。私たちが光の魔術師と呼ぶ浅井カメラマンが、アングルを探りながら、すべてのカットを自然光で撮影したものです。

この日、薄緑の夏の琉球絣をしばらく眺めていた浅井さんから「外に出ようか」と声が掛かります。

板塀で囲われた中庭の中央には、春になると満開の薄紅色の花で華やかな景色に変わる枝垂桜の木が、撮影の日は鮮やかな緑の葉に覆われていました。

初夏の日差しを受けた木々の葉の、色味を映したような清々しい雰囲気の琉球絣。薄緑の地は福木と藍、織り出された井桁の濃い褐色はカテキューで染めたもの。

琉球の伝統の文様には、人々の暮らしとの強い絆が感じられるものが多く見られますが、この井桁文様もそんなひとつ、水不足が深刻な問題だった琉球において、神聖な場所であり信仰の対象であった井戸の枠を意味する井桁の文様でした。

シニヨンに巻いた珊瑚の髪飾り。枝にとまった小鳥が、木の実と間違えてついばみにやって来そうな愛らしい珊瑚玉は、鼈甲《べっこう》の櫛や笄を収めた母の形見の文箱の隅っこに、忘れられたように薄紙に包まれていました。もっと大粒で色も鮮やかな珊瑚や翡翠の玉は、母がどなたか業者さんに細工をお願いして帯留めに姿を変えていましたから、この淡いコーラルピンクの小粒の玉は使いみちもなく、放っておかれたのでしょう。

琉球絣に合わせたのは、複雑で繊細な組み織りで織られた冑紹《かぶとろ》と呼ばれるシナ布の帯。藍と黄蘗《おうばく》から生まれた深い緑が品格を添えています。珊瑚玉の赤味をうつした帯締めには、高麗組の香色を選び、帯揚げの色目は、周囲の緑や琉球絣の薄緑の余韻を感じさせるごくごく淡い色。初夏の装いです。

初夏の風を
感じて

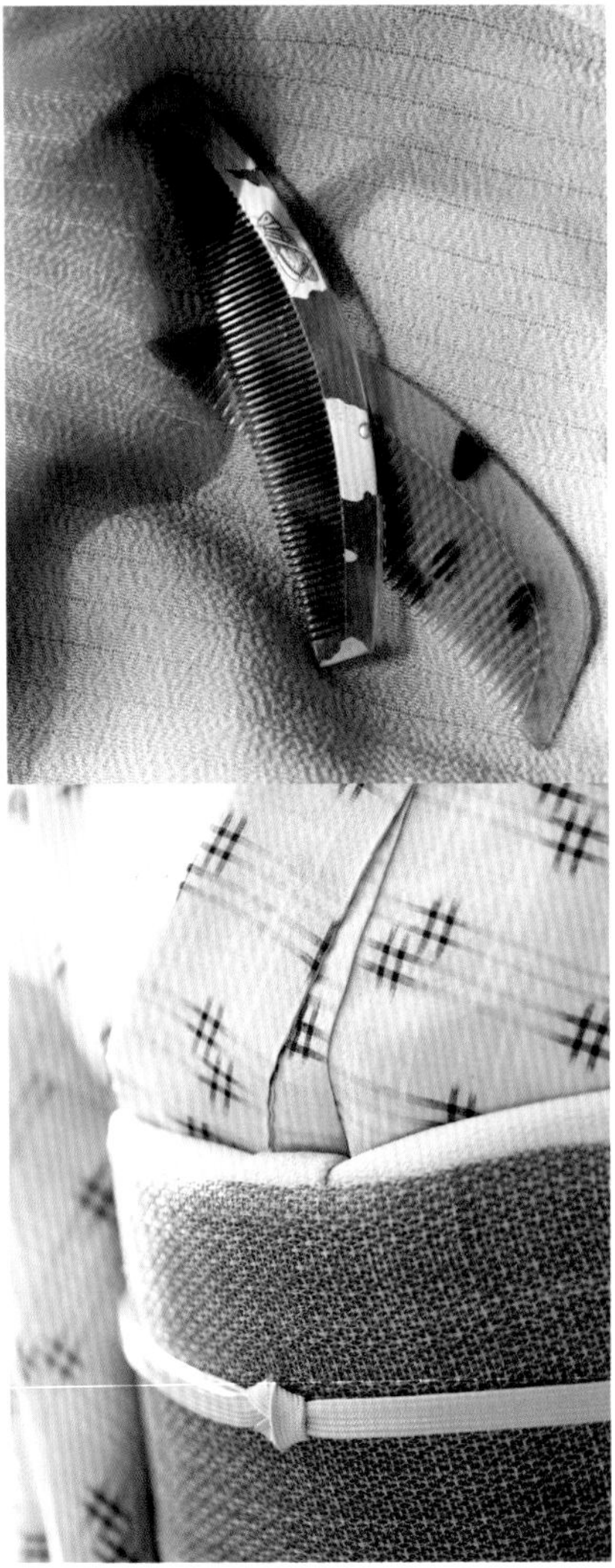

きもの　草木染め琉球絣 大城一夫作
帯　佐藤徳香作「青絽」
帯揚げ　淡い若緑色無地絽縮緬
帯締め　高麗組 香色
髪飾り　鼈甲櫛、鼈甲に秋草、鈴虫の蒔絵

琉球美絣のこと

日ごろ何かにつけて相談にのっていただく京都の問屋さん、「太田和」さんが送ってくださった夏の琉球絣の、経年を感じさせる証紙が貼られたくち織には、特許美絣《びがすり》の文字がありました。

気の遠くなるような手間をかけ丹念に織られた貴重な布であることは、素人目にも容易に想像できる美しく儚げな布の、ごく細い糸のこと、繊細極まりない絣柄のこと、染められた色など、すべてのことに興味が尽きず、以前ご縁のあった「美絣工房」の真栄城《まえしろ》興茂《おきしげ》さんにお電話。メールのアドレスをうかがって画像をご覧いただいてから、仕立てた着物をお送りしました。

季節は梅雨、琉球藍の収穫でお忙しい興茂さんでしたが、快く応じてくださって、ほどなくあの布がお父さまである真栄城興盛の昭和三〇年代前半の作品であり、「今、作品名を付けるとすれば『変わり十字トゥイグヮー花雲』になるかと思います。」というご説明から始まるメールを頂戴しました。経糸、緯糸ともに麻を使用、「手括りで絣を作り、琉球藍で染色……」と、括り、染め、織についても詳細に語られて、「亡き母も同じような着物を持っておりました。那覇の方で保管しているので、後で確認してみます。」という言葉で結ばれていました。

琉球絣の伝統を踏まえつつ、麻、木綿、絹と素材もさまざまに工夫を凝らし、あらゆる可能性に挑戦し続けて、独自の世界を作り上げた真栄城興盛が目指した布に付けた名称が、琉球美絣です。昭和一三年に琉球藍での抜染技法で特許を取り、くち織に標した文字は「琉球美絣」のほかに、「特許美絣」と織り出した作品もあったとのこと。昭和四一年に逝去した真栄城興盛が琉球美絣に込めたこころざしは、妻の喜久江から息子の興茂へ、さらに同じ道を歩み始めた孫の興和へと受け継がれて今に至っています。

きものの世界に足を踏み入れて以来、思いがけないご縁に恵まれ驚かされることが少なくないのですが、そんなひとつ「琉球美絣」とは三度の出合いがありました。

福木《ふくぎ》で染められた黄色の地に、琉球藍で染めた黒に近い藍の糸で、伝統の柄が大胆に織り出された個性的な布。銀座の「芥川」でひとめぼれしてしまった、真栄城喜久江の作品が出合いの最初です。

二枚目は、きものにかけては先輩格である四歳年下の妹が所有していた真栄城興茂作の美絣でした。工房を那覇から本部町の伊豆味に移し、琉球藍の栽培もみずから手掛けることで、藍の濃淡のほんのわずかな差も、染め分ける自在さを手中にしているかのように思われる、真栄城興茂の作品です。

そうして思いがけず手にした三枚目の琉球美絣。花雲の間を飛翔するトゥイグヮー（鳥）に、あらためて魅了されています。

琉球美絣
のこと

昭和三〇年代
きもの　真栄城興盛作　琉球美絣
帯　白茶地　紗袋帯
帯揚げ　蘇芳色無地絽縮緬
帯締め　濃紺無地平唐組

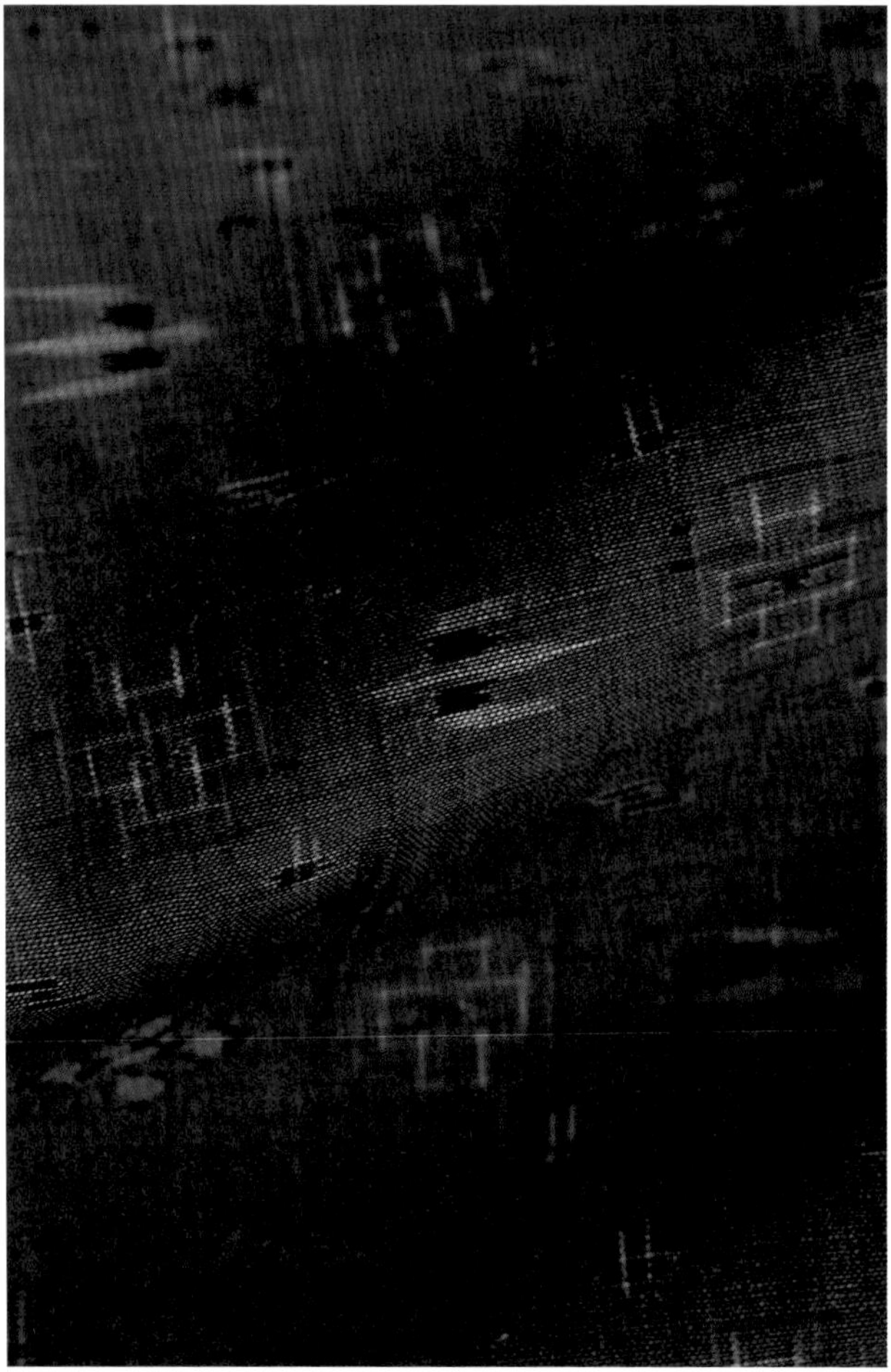

色とりどりの

二〇〇五年の四月に上梓された『きもの熱』は、集英社の女性誌「メイプル」で二〇〇三年一月から二年続いた連載をまとめたものです。

表面の凹凸を指先に感じるエンボス加工をほどこしたカバーに並ぶのは、「道明」の「平家納経」「戸張《とばり》」「三井寺」といった名物柄のほか、金茶と栗梅の笹浪組、香色、白橡《しろつるばみ》、赤白橡、金茶、黄櫨染、水色など無地の高麗組。なかでも無地の高麗組は、当時から今も変わらず、取り合わせにしばしば登場するお馴染みの紐です。

きもの姿の全体からすれば、帯締めと帯揚げ、とりわけ帯締めが占める割合はほんのわずかなのに、この少しばかりの面積に託される役割は、驚くほど大きく、細い組紐一本を帯にのせた瞬間に生まれる、「得も言われぬ調和」が、きものの取り合わせの醍醐味のひとつと実感しています。

というわけで、一本また一本と桐箱におさめる帯締めの数は増えるばかりです。

代官山の「伊兵衛工房」や、銀座の「芥川」に通い始めたころ、芥川で見せていただいたのが、草木染めの平唐組と丸唐組の帯締めでした。

墨色と濃紺、金茶、練色、薄茶、赤茶、濃茶、赤紫、浅葱ねずなど、やや太めで存在感のある無地の組紐は、伊兵衛織と同時期に手に入れた洛風林の帯のような個性的な取り合わせ

や、素朴な趣の紬などには、欠かせないものでした。

その後、組み合わせの定番のようになってしまった高麗組への傾倒が始まります。池之端の道明さんにうかがったきっかけが何であったかということや、その時期についての記憶はありません。

それまでなんとなく気に入っていて選んでいた高麗組でしたが、なぜこの紐に惹かれるのか、自分なりに納得する答えが見つかったのは、龍村平蔵の名物裂の復元の帯との出合いだったように思います。帯に負けない確かな力が欲しくなって、あらためて選んだのが、色の選択肢が圧倒的に多く、精緻に組まれた高麗組でした。

高麗組の中でも、初期に手に入れた白橡、赤白橡、香色は、なかなか興味深い三色だと思っています。

たとえば、今回の八重山上布と葛布《くずふ》の帯の取り合わせ。葛布のひと色に帯揚げを染め、可愛らしさを演出するのですが、白橡の高麗組を添えることにより、甘くなりすぎず凛とした印象にまとめました。

それとは対照的に、前々回、薄緑の琉球絣と青紹の帯、ごく淡い若緑の絽縮緬の帯揚げには、髪に飾った珊瑚の色をうつした香色の高麗組を選んでいます。白橡や赤白橡では、こんな甘やかな景色にはなりません。

色とりどりの

右から金茶、錆朱、黄櫨染、香色、纁、鶸萌葱、白橡

きもの　八重山上布
帯　白茶地に浅葱と茜の縞、葛布八寸名古屋
帯揚げ　蘇芳無地絽縮緬
帯締め　高麗組　白橡

小豆キャンディーのこと

京都に住む年下の友人Y。最初の出会いから二〇年を優に超える歳月が流れています。

初対面は暑い夏の日でした。四条河原町あたりで目にした電光掲示板の、最高気温三八度という文字を覚えています。異常気象で四〇度に届きそうな猛暑の予報もそう珍しいことではなくなっている昨今とは違い、当時の三八度という数字にはかなりなインパクトがありました。

お邪魔した、簀戸《すど》や籐の網代ですっかり夏のしつらえに整えられた風雅な料亭は、名高い棟梁が手掛けた数寄屋の建物であったことを、あらためて思い起こさせてくれる静かな空間でした。

藍地に細かな十字絣を織り出した宮古上布。浅葱の地に御所解きを染めた帷子《かたびら》で仕立てられた夏帯を締めたYは、暑さなどみじんも感じさせぬいかにも涼しげな様子。当時、三〇代を目前にしたころだったはずの彼女は、若女将としての重責をきちんと果たそうとする覚悟と、初々しさを同居させているような、そんな雰囲気を漂わせていました。

さりげなく置かれた調度や壁の掛物、床の間に生けられた花には、訪れるものに少しも緊張を強いることのない心憎い工夫があったと記憶しています。

あの日、しみじみと感動してしまった「心遣い」が、小豆キャンディーにありました。

薄手のクリスタルの平皿で供された深緑のキャンディー。冷凍庫から出したばかりの氷菓ですから、普通ならばカチカチで歯が立たぬほど硬く、表面は外気温との差で、霜が降りたようにうっすらと白い衣をまとっているはず。なのに、透明のガラス皿にのった小豆キャンディーは、見事なまでにこっくりした抹茶色で、添えられたおしぼりの純白と清々しい対比を見せます。

辰砂《しんしゃ》の麦わら手の湯呑の、香り高いほうじ茶と合わせた三点セット。漆の折敷に並ぶのは、瀟洒な数寄屋の建物を一歩出れば、三八度の猛暑という現実をしばし忘れさせてくれる夏のもてなしの景色でした。

彼女の涼やかなきもの姿や、夏のしつらえといった視覚的なあれこれも初対面の記憶に刻まれているのですが、小豆キャンディーを口にした瞬間の歯ざわり、なんとも言えない食感を、今も忘れられずにいます。硬からず、かといって柔らか過ぎもせずという絶妙のタイミングを見計らう。「これ見よがし」をよしとしないYが考える「究極のもてなし」だったのかもしれません。

あれからずいぶん月日が流れて、持ち前の柔らかな物腰と美しさは変わらぬまま、立派な女将として分刻みのスケジュールをいかにも軽やかにこなすY。

以前のように、のんびりとおしゃべりに興ずるひと時を見つけられなくなってしまったのが悩ましい限りですが、今は、もっぱら深夜や早朝の電話を楽しんでいます。

小豆キャンディーのこと

きもの　絹上布　琉球絣
帯　白茶地に藍の唐草文様、八寸名古屋
帯揚げ　枇杷色無地絽縮緬
帯締め　練色無地平唐組
日傘　ムガシルク生成り無地

晩夏

高麗組の栗梅と共色に染めた絽縮緬の風呂敷の、絽目《ろめ》を通った光が描く儚げな縞模様に思わず目が留まります。シボの立った重めの縮緬の深い味わいは格別ですが、身の回りに涼やかなものが欲しくなる季節に、絽縮緬の帯揚げの軽やかさは欠かせません。

京都、烏丸二条を西に入って、両替町通と室町通を過ぎ、三本目の衣棚通を横切って少し進んだ南側に、白生地屋さん「三浦清商店」があります。

染織の仕事をしていた京都生まれの友人から紹介されたのがそもそものご縁で、以来二〇年を超える長いお付き合いを続けているのに、あらためて振り返ってみたら、お店にうかがったのはほんの数回。もっぱらお電話と、染めていただく見本裂や色糸をお送りすることを繰り返しています。

お付き合いの初めのころ、電話口の向こうで応対してくださったのは、現在のご当主のお父さまでした。なんとも言えない抑揚の柔らかな語り口は、室町界隈でお仕事をなさる商家の方々独特の京ことばだとか。心地よい響きについつい聞き入ってしまったものですが、今では、あんな風に話される方も少なくなってしまったとうかがっています。

「誂《あつら》え」は、初めから一朝一夕にうまくいくわけではありませんし、前提となる双方の感性や相性の一致というなかなかデリケートなハードルもあります。

「ミセス」の連載の最終回。白地に十字絣の結城縮《ゆうきちぢみ》に、「飛翔」と名付けられた古澤万千子先生の染め帯を合わせ、帯締めを「道明」の平家納経の厳王品《ごんのうほん》に決めました。「母のひとこと」という回（36ページ）で、地味な色目の無地の結城と、臙脂の地に平金糸《ひらきんし》で一重唐草を織り出した帯に、同じ厳王品を合わせ、そのひと色に染めていただいた帯揚げが手元にありましたから、それを今回のきものと帯に合わせてみたのですが、困ったことにほんの少しの違和感が拭えず、どうもぴんと来ないのです。撮影を目前に控えた、綱渡りのようなタイミングで三浦さんにＳＯＳ。帯締めと一緒に、「帯締めのひと色を若干抑えた色味で」とずいぶんあいまいなメモを添えて送りました。

三浦さんとの長いお付き合いの間には、ありがたいことに「阿吽《あうん》の呼吸」、言い換えれば以心伝心とも言うべき関係が、いつの間にかできあがっています。

一週間ほどして送り返してくださった例の帯締め厳王品と、そのひと色の色味を少しだけ抑えて予想通りに染め上がった帯揚げ。無事撮影に臨むことができました。

きもの　藍地絣上布
帯　伊藤峯子作　首里花倉織　赤城八寸名古屋
帯揚げ　青味の灰白色無地絽縮緬
帯締め　高麗組　栗梅
風呂敷　栗梅無地絽縮緬
おかき　京にしき（さかぐち）

秋めいて

手の国の仕事

きものの世界にうっかり足を踏み入れて、熱に浮かされていた時代、ずいぶん可愛がっていただいた「伊兵衛工房」の高林淑子さんから頂戴した、茶綿の井桁絣にずっと心惹かれています。

従来の「きものの世界」という範疇にはおさまりきらない高林さんの自在な美意識に触れることから始まった私の「きもの熱」でした。

この木綿の絣は、どこか伊兵衛織に重なる存在感があって、目にするたび、手に取るたび、新たな魅力に気づかされています。

茶綿の、ぬくもりを感じさせる赤味を含んだ薄茶は、日ごろ私たちになじみのある白い綿と比較すると収穫量が少ないとされる茶綿本来の色です。そんな茶綿の地に、濃い藍に染めた糸で織られた井桁絣でした。

手紡木綿の大きな魅力である「ふくふくとした肌触り」を存分に味わうには、断然単衣《ひとえ》。長襦袢も絹ではなく、絽の海島綿《かいとうめん》を選びます。

これまでは、「茶と浅葱」の組み合わせのセオリーに従って、藍に白茶の格子や、藍の無地の帯を合わせていました。

今回選んだのは、煉瓦のような赤い色味の麻の帯。スコットランドの織物に似た野趣が感じられて、茶綿の地に織り出した井桁の深い藍色との相性も抜群です。

無地の帯に無地の帯締めでは面白みに欠け、何かちょっとアクセントになりそうなものはないかと考えていたら、思いがけない出合いがありました。

大のツイード好きです。なかでもとりわけニシンの骨を意味するヘリンボーン（herringbone）を偏愛する私にとって、格好の帯締めを見つけました。カード織の帯締めは、まさにヘリンボーン。最後に鳥の子色の帯揚げを添えて完成した景色は、東西の文化が仲良く手をつないだかのような面白い世界です。

毎回の連載には、絶ち落としのメインカットと、私たち撮影チームが「ちび写真」と呼んでいる小さなカットが登場します。この被写体選びは楽しくもあり、ひと苦労でもあるのですが、今回の被写体は、「もりた」さんで偶然見つけた浦野理一旧蔵の縞帳《しまちょう》です。反故紙《ほごがみ》を重ねて和綴《と》じした縞帳の表紙には、「ミセス」何年何月号と書かれています。付箋が付けられた裂を復元したきものが、ミセスのページに掲載されていたのでしょうか。

かつて「ミセス」のきものの代名詞のような存在だったきもの作家、浦野理一が生涯をかけて収集した夥しい数の古裂は、丹念に分類され、昭和四〇年代の終わりに、文化出版局から『日本染織総華』として全十巻が刊行されています。この縞帳の中にも、『総華』に収録された木綿裂があるかもしれません。色と言えば白茶と藍の濃淡、茶綿の薄茶が加わるくらい。余計な作為などまったく感じさせない見事な仕事です。

細格子

きもの　茶綿手紡ぎ 井桁絣
帯　中村経子作 麻九寸名古屋
帯揚げ　鳥の子色無地絽縮緬
帯締め　小島秀子作 カード織
縞帳　浦野理一旧蔵

木綿という文化に深い思いを寄せた『木綿口伝』という、福井貞子氏の名著がある。その福井氏の著作『染織の文化史―木綿と藍』(京都書院刊)の序文にこんな一節があった。「陽の目を見ず、目立たない地方の染織品であるが、在家の女たちが経験によって到達した技が、不思議な創造品を生んだ。まさに人生の賛歌であったと思う。」あらためて縞帳を見る。無数の小さな布切れが貼られているのは、大福帳などの反故紙。豊かな時代に暮らす我々現代人の驕りを考えてしまう。

秋色の路地のこと

新宿三丁目の交差点から目と鼻の先。明治通りを挟んで伊勢丹の斜め前の、新宿文化ビルという建物の四階にあった映画館に、せっせと通っていた時期があります。二〇一四年の夏のことでした。

一九六〇年代の終わりに早逝した市川雷蔵が出演している映画を一挙上映する映画祭があり、「全上映作品踏破」という目標を掲げた久しぶりのパッション。我ながらびっくりの行動でした。

一日三本も四本も観てしまう日もあって、休憩時間になると、すぐ近くの喫茶店に飛び込みコーヒーブレイク。今しがた観たばかりの作品の中で印象に残ったシーンなど反芻しながら、サンドイッチをほおばってエネルギーを高速チャージ。そんな毎日を繰り返していました。

かつてこの場所には、大学生のころ足しげく通ったアートシアター新宿文化という洒落た映画館がありました。建物の角を曲がったところが小劇場のメッカとも言うべきアンダーグラウンド蠍座のエントランスです。路地はあらゆるジャンルの極めて尖鋭的なパフォーマンスの開演を待つ人々で溢れていました。

大手の映画会社を辞め、独立プロなどで制作を続ける大島渚や篠田正浩、吉田喜重などといった監督たちの作品も多く、海外の旧作を上映する名画座などもまだまだ健在で、休講続きの学生時代、少しばかりのアルバイトをのぞけば、映画三昧の日々でした。

さかんに新宿に通っていたのは一九七〇年代初めです。喫茶店文化なるものが残っていた時代、ピースの缶を手にした長髪の若者たちが通うジャズ喫茶も含め、名物喫茶がたくさんありましたが、なかでも、「茶房青蛾」は私にとって特別な空間だったように思います。

三越裏の路地に、大正ロマンという言葉を思い起こさせるような風情を見せていた木造の二階建て。袖看板や吊るしたランタンに書かれた「青蛾」の文字。すりガラスには、型染めの下絵になりそうな蛾のモチーフが並んでいました。

入って右手に階段があり、竹久夢二の版画は、確か踊り場の壁にかかっていたように記憶しています。

オーダーするのは決まって大ぶりの蕎麦猪口に注いだ薫り高い煎茶と、染付の伊万里で供される厚く切ったひと切れの羊羹。ずいぶん背伸びしていたものです。

ようやく二〇代の仲間入りをしたばかりの私には、店に集いご主人と親しげに言葉を交わす常連の方たちがひどく大人に見えて、ひとり隅っこのテーブルで文庫本を読むふりをしながら、会話に耳をかたむける緊張の時間でした。

きもの　市松文様御召
帯　インド更紗古裂
帯揚げ　橙色無地絽縮緬
帯締め　高麗組　蒲
画集　『竹久夢二画集』（講談社刊）

鳥の姿を重ねて

波打ち際にずらりと並び、干し網を支える杭に思い思いの様子で止まって、羽をやすめるシラサギたち。その先にはアオサギか、あるいはウミウのようにも見える少し大きな鳥たちの姿がありました。

漁を終えて桟橋につけた船から陸揚げされる魚たちを、ちゃっかりかすめてお腹を満たした後なのでしょう。

余裕すら感じられる鳥たちの長閑な姿。ため息が出るほどに「カッコいい」この帯は、型染めの作家、小島悳次郎《とくじろう》の作品です。

以前、ご家族に遺されたたくさんのきものや帯を拝見する機会に恵まれ、思わず目を奪われてしまったのが、この海辺の鳥たちの光景でした。型染めされたシラサギやアオサギ一羽一羽に目を凝らすと、今にも飛び立ちそうな躍動感が感じられ、一瞬で心をつかまれました。

藍ねず地のシラサギの帯を、小さな幾何学模様を織り出したモダンな暗褐色の泥大島に載せ、帯揚げはごく淡い灰白色の絽縮緬、高麗組の色は目の覚めるような代赭《たいしゃ》を選びました。

代赭の高麗組を、黒紅、深緋《こきあけ》とともに、久しぶりに「道明」さんに組んでいただきました。

単行本の準備をしていたら、蒲《かば》や纁《そひ》の使用頻度が高いなあと、まるで他人事のように驚いてしまいましたが、このあたりの色がとても好きなのですから仕方ありません。それにまた好きな色の同系色、代赭が加わりました。
蒲色、纁と代赭、白橡、赤白橡と香色、栗梅、黒紅と深緋など。連載をご覧になっていらした読者の方から「また同じ色」とおっしゃられそうな、よく似た色味の、ほんのわずかな違いの紐を一本一本集める愉しみは格別で、ホルベインの一〇〇色入りの色鉛筆をプレゼントされて驚喜した、子どものころからあまり変わっていないのかもしれません。

海辺のシラサギたちの風景を目にした時、ふと思い出したのは、雲鶴《うんかく》の文様を白土で象嵌《ぞうがん》した八代焼《やつしろやき》の小ぶりの筒茶碗でした。いわゆる「のぞき向」とか「筒向《つつむこう》」と呼ばれる五客の向付です。我が家の台所の、戸棚の隅っこに置かれた箱には、「八代焼」の文字がありました。おそらく江戸末期か明治初期あたりのものと思われますが、掌にすっぽりおさまりそうな大きさも、不揃いでのんきな様子の鶴たちが飛翔する姿も、とても気に入っています。

象嵌の技法は、朝鮮の高麗時代に発達したものとされ、青磁の色に白く浮かぶ雲鶴の文様も、韓国のさまざまなやきものの装飾で目にします。

小島憲次郎作品のシラサギの帯に泥大島。李朝の角盆に置いた雲鶴の向付。高麗組の鮮烈な代赭が全体を引きしめて、鳥つながりのよき景色に大満足です。

鳥の姿を重ねて

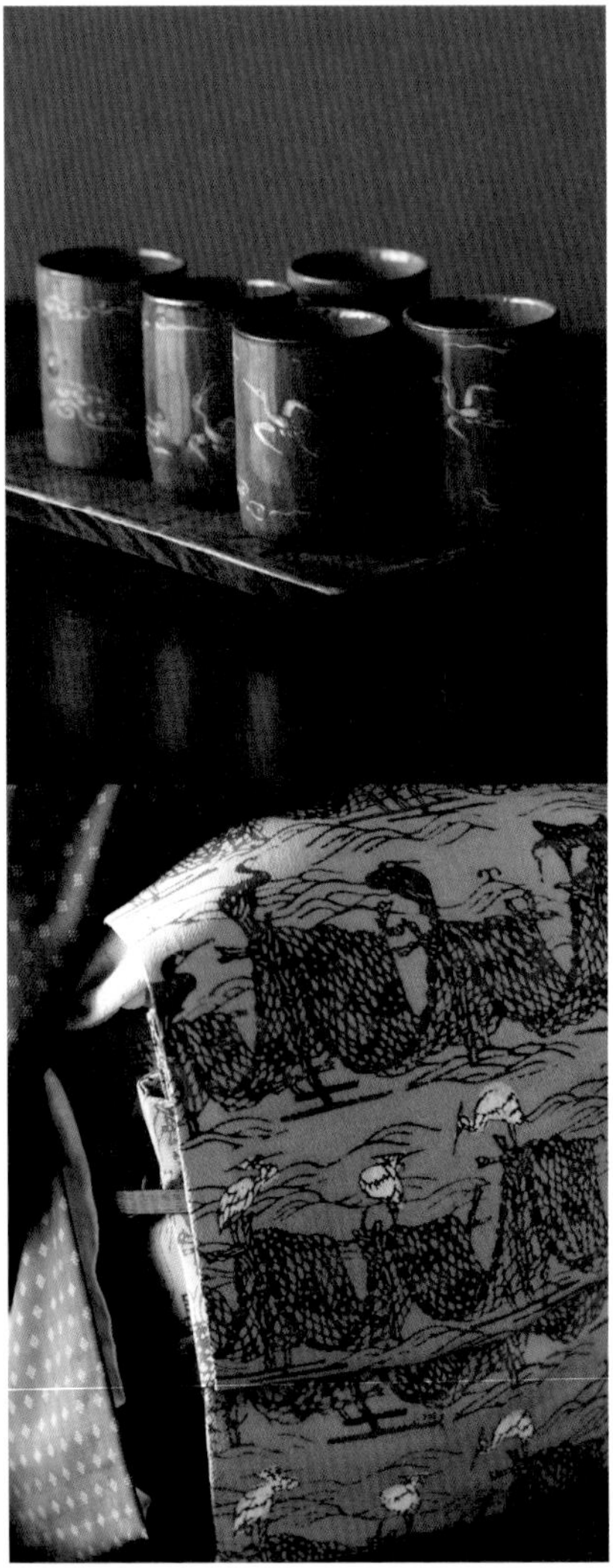

きもの　奄美泥染め大島
帯　小島悳次郎作　型染め「鷺に網」
帯揚げ　赤味の灰白色無地絽縮緬
帯締め　高麗組　代赭
やきもの　雲鶴文、八代焼　筒向
木工　李朝角盆

秋草、いろいろ

我が家のお風呂場の外に、坪庭と言うのもはばかられるほどのささやかな杉皮塀で囲った一角があり、山アジサイや延齢草《えんれいそう》、白萩、桔梗など植えて季節ごとの開花を心待ちにしています。大きなガラス戸を開けると、露天風呂のような気分が味わえてなかなか快適な空間です。

ある年のこと、モンキチョウがひらひら舞う可愛らしい姿を眺めながら、ただただのんきに彼らの訪問を歓迎していました。

ところが、日を追うごとに小さな「庭」にやって来る仲間の数は増えるばかり。気がつけば、やわらかそうな丸い葉はいつの間にかすっかりなくなって、細くしなやかに伸びた萩の枝は丸裸になっていました。

本当にショックでした。モンキチョウの幼虫の大好物はマメ科と知り、小さな花の形状を思い浮かべながら、萩はマメ科だったと妙に納得したものの、なんだか裏切られたような口惜しい思いが残りました。

光琳《こうりん》、其一《きいつ》、抱一《ほういつ》などの、秋草を描いた作品は多く、夏の終わりのころに家の周囲を散歩しているときなど、ご近所の生垣にススキや萩の姿を目にすると決まって思い浮かべるのがそんな「秋草図」です。

彩度を落とした濃い茶色の地に儚げな秋草を染めた帯の作者、中川知子さんとのご縁のきっかけとなったのは、「美しい帯を染める人がいる」と知人から紹介され、送っていただいた数本の帯でした。

紅を含んだ地色に浮かぶ、夢のような山桜や、光琳うつしの燕子花《かきつばた》、根引の松などを拝見しているうち、一本だけ選ぶはずだったのが、ふんわり咲く青紫の燕子花の魅力にも抗しがたく、結局、山桜と燕子花、二本の帯を譲っていただいたのが二十数年前のことです。

「秋草」の帯の本歌は、ある展覧会の会場で中川さんが目にした、古い夏の振袖に染められた文様だったとご本人からうかがいました。

慎ましく咲く白萩や桔梗やススキを従えるように凛然と咲く、白い芙蓉。花びらの胡粉の奥の、鳥の子色が優美な趣を添えています。

弁柄《ベンガラ》色とでもいうのでしょうか、光の加減で微妙に色味を変化させるロートン織の訪問着。私とは二回り違いの寅年で、日ごろ親戚の娘のようにお付き合いを続けている、「シルクラブ」の西村花子さんが見せてくださったのは、おばあさまのお気に入りだったというおきものでした。

ロートン織（道屯織）とは、経糸で裏表に花織を織り出した、琉球に伝わる織の技法。この経糸に使われた天蚕糸《てんさんし》の効果で、布の表面に浮いた花織がひときわ艶やかな光沢を見せています。何十年かの時を経て、味わいを増す織の訪問着に、秋草の帯。取り合わせの愉しみは尽きません。

秋草、いろいろ

きもの　永井覚作　ロートン織訪問着
帯　中川知子作　友禅帯「秋草」
帯揚げ　薄墨色無地絽縮緬
帯締め　高麗組　錆朱

くもくもの

きもの熱に浮かされて、明けても暮れてもきものや帯のことで頭がいっぱいだった時代、「伊兵衛工房」に加えて、週に一度、場合によっては二度、三度と足しげく通った「芥川」という呉服屋さんが、数寄屋橋交差点角の銀座東芝ビルの地下一階にありました。新陳代謝の激しい東京の町。東芝ビルも一〇年ほど前に取り壊されて、今ではその跡地におしゃれなファッションビルが建っています。

きもの好きの間では、少々敷居の高い名店として知られていた芥川でしたが、その立地としては、すぐ下のフロアーも含め、ちょっと首を傾げたくなるような周囲の環境でした。

お腹の虫が鳴き出しそうな時など、大いにそそられてしまう「さんまの塩焼き」や「ぶりの照り焼き」など定食のメニューを掲げるご飯屋さんや、確かラーメンの有名店もあったように記憶しています。

芥川さんの品揃えや、お店を切り盛りなさる少々近寄りがたい三姉妹の方々のことも、先輩たちからうかがっていて、最初のうちは緊張したのですが、人見知りのくせに案外図々しくて、受け入れてくださると確信すると、あっという間にお付き合いの距離を縮めてしまうという妙な性格の私。ずいぶんお世話になりました。

うかがうたびに滞留時間は二時間を軽く超え、たくさんの貴重な品々を拝見した後は、早々にシャッターを下ろした店内で、近くの寿司幸さんから取り寄せてくださったバラチラシを頂戴するのが定番。大好物の煮ダコを皆さんの分まで独り占めしてしまうというお行儀の悪さでしたが、楽しかったおしゃべりの時間が懐かしく思い出されます。

私のコレクションの中心となるきものや帯、とりわけ織のきものに関しては、芥川さんとのご縁がなかったら出合うことの叶わないものばかりです。

そんな中でも異色の一枚が、私が勝手に「くもくもの大島」と呼ぶ、この大島でした。前著『折にふれて』では、茶色の地に鳥文のすくいの帯、墨色の平唐組と、灰白色の帯揚げを取り合わせました。

今回、忽然と姿を現した錆朱の地に金銀の雲を織り出した綴《つづ》れの帯。早速、くもくもの大島とのとんでもなく個性的な取り合わせにひとり興奮。そんな時に真っ先に頭をかすめたのは、NHKの朝の連続テレビ小説のヒロインを演じていた安藤サクラさんの前髪です。前髪ぱっつんのサクラさん以外には考えられないキャスティングでした。

ウインザーチェアに腰かけた婦人像。安井曾太郎画伯の油彩のイメージなのですが……。

くも
くもの

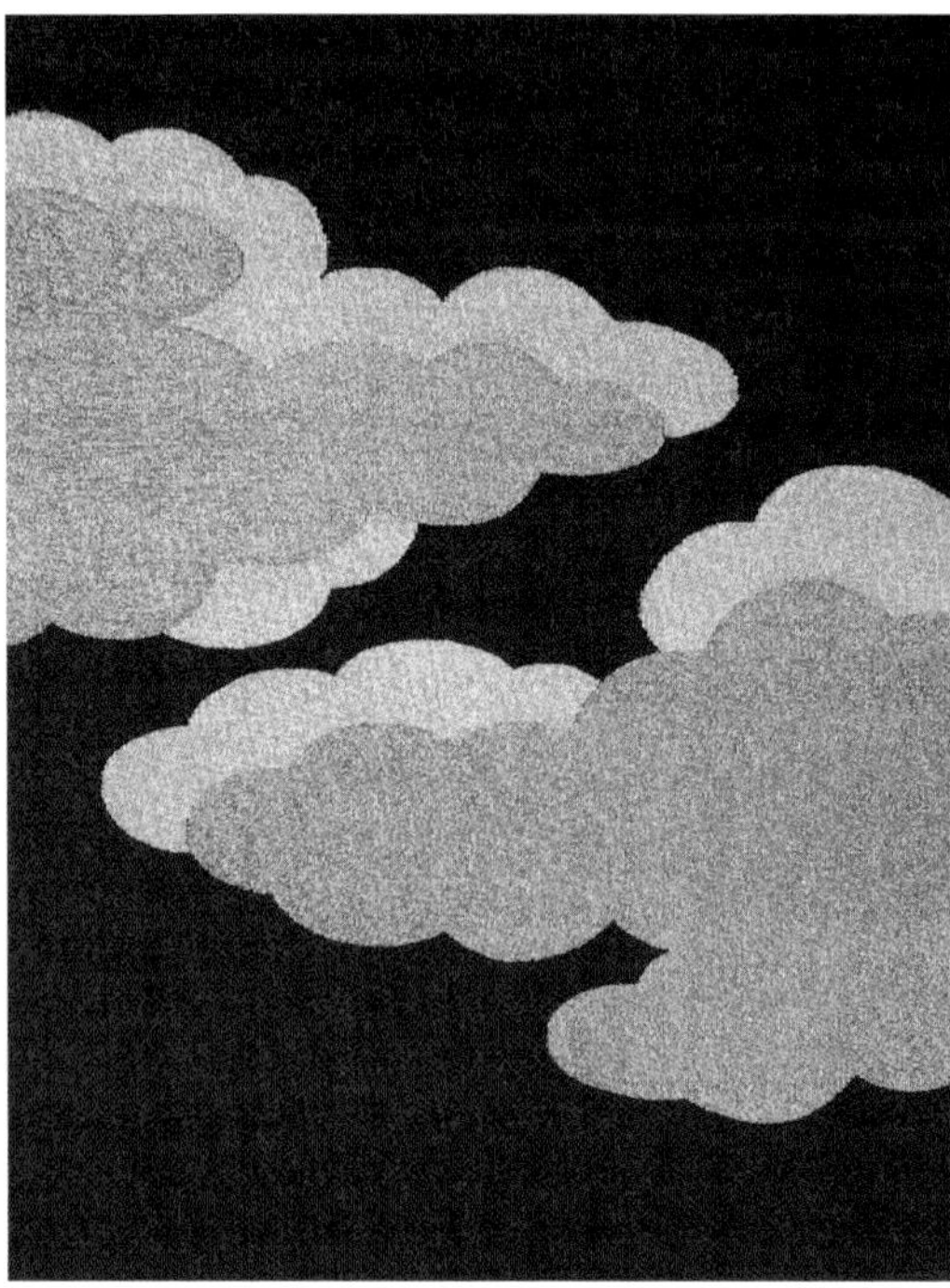

雲の大島のくち織りには、京都の問屋「加納」と「別誂」の文字のほかに丸に田の字、貼られた証紙には、田中絹織物の印も見える。数寄屋橋の芥川で手に入れた雲の文様や、精緻な葡萄唐草、加えて「微酔に」の物語に登場する植物文様の大島も、加納から奄美の織元田中絹織物に別注し織られた大島だった。アートディレクター的な存在でもある問屋と、要求される高度な技術を有し作り上げる熟練の職人たちを抱える織元とのいわば二人三脚ともいえる幸せな関係の賜物である。

きもの　雲文様　大島
帯　朱地に雲文様　金銀糸綴れ
帯揚げ　柿色無地縮緬
帯締め　高麗組　纁

黄交趾の彩に

縁あって、黄交趾《きこうち》の急須と茶碗が私のところにやって来ました。

心をとらえる目の覚めるような黄色に、洗練の極みのような形。きっぱりと表現された植物の文様。そのすべてに魅了されました。

そのころ、新宿の映画館で封切られたばかりの、蒼井優さんが主演する映画を拝見したばかりで、蒼井さん演じるヒロインの強烈な残像が頭にあったせいかもしれません。黄色の煎茶器は、蒼井さんに登場していただくページの小物にと勝手に思い描いていました。

連載の撮影を前にしてあれこれ考えるのですが、何を最初に選ぶかはいろいろです。びっくりするようなきものや帯と出合ってしまう場合もありますし、帯締めの色に触発されたり、強烈な存在感の小物が手に入ったりすることもあります。物語が浮かんでしまい、映画のワンシーンを考える監督の気分を味わったこともありました。

そんなわけで、この回は、最初に黄交趾が決まって、次に蒼井さんへの出演交渉という順序になりました。

そうして、きものです。長いお付き合いのうちに私の好きそうなものをよくわかってくださっている、「きものゑん」の畑政美さんから何枚か候補のきものが送られてきました。その中でひとめで気に入ってしまったのは、少し大きな亀甲絣が並ぶ大島。その亀甲絣にかすかにのぞく青い色味に惹かれました。

次は帯です。だいぶ前になりますが、お軸の表装用の古裂を探していた折、「もりた」さんが見せてくださって、すぐにいただいて帰ったミュージアムピースのようなとても稀少なインドネシアの古い布が、ハサミを入れぬまま箪笥の引き出しにありました。あの大島に「絶対に合う」という予感が的中して、ぴったりでしたから、早速帯に仕立てたのですが、欲を言えば、少々おさまり過ぎの感があり、物足りないのです。うーん、思案のしどころでした。

帯揚げにはこっくりした葡萄色を置いてみて、無地の高麗組がずらりと並ぶ桐箱をチェック。ありました、ひときわ目を引く紐が。

高麗組への傾倒が始まって以来、折あるごとに一本また一本と「道明」さんに組んでいただく高麗組。使用頻度が高く、自分自身が好きな色味の周辺、同じ系統のものをお願いすることが圧倒的に多いのですが、今回の紐は、以前道明さんが送ってくださった個性的な色味の糸にひとめぼれして、組んでいただいた一本です。

コバルトブルーのような鮮烈な色は、花緑青色。大島の亀甲絣に見え隠れする青味をうつして、おさまり過ぎることなくいい感じにまとまりました。

最初に心をとらえた黄交趾からの旅が無事に終わって安堵しています。

黄交趾の
彩に

きもの　亀甲絣大島
帯　インドネシア絣古裂
スラットナナス
帯揚げ　葡萄色無地縮緬
帯締め　高麗組　花緑青
茶器　永楽善五郎作　黄交趾煎茶器揃
盆　川真田克實作　黒漆丸盆
茶筒　錫茶筒（清課堂）
茶托　鉄　明治初期

秋過ぐ

毎月第一日曜日の朝、早起きして通った新井薬師の骨董市で見つけた紬です。古着屋さんのご主人は「久米島だと思うけど」と少々自信なさそうな様子。なので、幸運なことに、破格なお値段で頂戴してしまいました。帰り道、悉皆《しっかい》屋さんに立ち寄って洗い張りをお願いし、胴裏や八掛を新しくして仕立て直した思い出の一枚です。

沖縄旅行の折、那覇の沖縄第一ホテルに宿泊した時のことです。ロビーのガラスケースにパナリの壺と一緒に飾られていた久米島紬のことを、ホテルのオーナー、島袋芳子さんにお尋ねしたことをきっかけに、しばし久米島紬の話題で盛り上がりました。

ご自身が大の久米島好きで、優れた織り手である玉城カマドさんと懇意になさっていらっしゃるということ、久米島ご出身である当時の沖縄県知事大田昌秀さんが喜んでくださるからと、久米島紬を仕立て支援の会に出席なさるということなど、思いがけずたくさんのお話をうかがいました。確かその時に、「いつか玉城さんの久米島が欲しい」と、ずいぶん厚かましいお願いをしたのだと記憶しています。

東京に戻って間もなく。島袋さんが玉城カマドさんの久米島紬を送ってくださいました。車輪梅《しゃりんばい》のこっくりした地色に浮かぶ伝統的な絣の柄はやや小ぶり。そのひとつひとつに凝縮された力が漲っていて、久米島紬を語る時の、「大らかさや素朴さ」という形容だけでは表現しきれない、洗練された味わいが感じられる作品でした。

八掛の色を吟味して仕立て上がったきものに、白茶のペルシャ段通の袋帯、葡萄色の帯揚げに、薄茶の平唐組を取り合わせ、得意満面で外出した日のことが思い出されます。

そんなわけで、久米島紬には特別な思いがあるのですが、もし仮に、件の「久米島だと思うけど」の紬が、正真正銘の久米島でなかったとしても、この布の魅力が損なわれるものではありません。

赤みを帯びた深い茶の地色に浮かぶ、緯絣《よこがすり》で表現された小さな幾何学模様の繰り返し。緯糸だけで織り出す緯絣は、括った経糸と緯糸をきっちり合わせて丹念に織っていく経緯絣に比べると、きものの世界では、ちょっと軽んじられる傾向があると聞きますが、そんなことも大した問題ではありません。好きなものは好き。好き嫌いの物差しは、たぶん、この先も変わることはないでしょう。

新井薬師の紬に合わせたのは、以前、骨董通りの「もりた」さんでいただいた古い布。その前身は布団がわです。何度も水をくぐってすっかり褪色した弁柄色のすがれた加減、のびのびと描かれた鉄線唐草《てっせんからくさ》の文様に心をつかまれています。

秋過ぐ

きもの　紬緯絣
帯　鉄線唐草文様古布
帯揚げ　弁柄色無地縮緬
帯締め　濃紺無地平唐組
鉢　唐招提寺伝来とされる「白漆の鉢」
花　南京はぜの実　石澤由美子

マイ・スタンダード

忘れられない味があります。

二〇代の後半、年はいくつも離れていないのに何かにつけて教えられることの多かった友人Tが連れて行ってくれたお店の目印は、華奢な造りの木枠に、店の名がかなで書かれた和紙を張った行灯でした。

常滑の甕《かめ》に溢れるほどの白萩の枝を投げ入れ、甕の周囲に、白い萩の花をはらはら散らせるという趣向も含め、決してこれ見よがしではない、行き届いた店主の心遣いが感じられました。

会社帰りのサラリーマンが立ち寄るには少々ためらってしまいそうな、つまり、小津安二郎の映画に登場するような、丸の内にオフィスのある大きな会社の重役のおじさまたちが、暖簾をくぐり女主人に「よお」と声をかけるような、そんなお店です。

店内に先客の気配はなく、弓浜絣に半幅の帯、藍の紐を付けた弁柄色の木綿の前掛け姿の上品な初老の女将さんが、カウンターに座ったTに、親しげに声をかけます。

三〇代半ばであったはずのTが、カッコつけて背伸びする様子もなく、心和む様子で女将と歓談するのには訳がありました。

ひとり息子と馴染のお店で盃を交わす日を心待ちにしていたお父さまが、成人したTを連れて訪れたというなんだか素敵なエピソードです。

身に着けるものにはさほど頓着せず、どんな状況でも驕ることなく周囲に耳を傾けながら、ぶれることのない発言を繰り返していたT。

昨今の悩ましい状況を見聞きするにつけ味わう、たくさんの失ってはいけなかったものを失ってしまったという苦い喪失感とともに、彼の姿が時折思い出されます。

Tのお目当ては、女将さんが作るさりげない家庭の味。冒頭に書いた「忘れられない味」とは、この日、いただいた長ひじきの煮物でした。

ひじきと炊き合わせていたのは、油揚げ、ニンジン、ゴボウ、干しシイタケという、家庭料理の名わき役たち。丁寧に引いたまったく雑味の感じられないお出しと、炊き合わせた野菜の旨味をたっぷり含んだ、やわらかなひじきが、なんとも言えず滋味豊かな美味しさです。

正直言えば、若輩者だった私に、あのひじきの煮物の真価をどれほど理解できていたのか、自信はないのですが、確実に私の味の記憶に刷り込まれています。

長さを揃えたゴボウとニンジンをまな板に並べて、よく研いだ包丁でリズミカルに刻むトントンという音、お鍋から立ち上る美味しそうな湯気。

なんとも大袈裟ですが、あのひじきの煮ものこそ、私にとって「暮らし」の指針になりました。齢を重ねるにしたがって、からだに記憶されたあの味に立ち戻ることの大切さを実感しています。

マイ・スタンダード

きもの　藍濃淡に茶、多色使いの変わり織紬
帯　辛子色無地　紬地八寸名古屋
帯揚げ　赤紫無地縮緬
帯締め　紫無地平唐組
花　竹籠に萩　石澤由美子

山口伊太郎の帯　その1

二〇〇四年夏第百三十八号の「季刊銀花」には、「百二歳、山口伊太郎翁の見果てぬ夢」と題した特集が組まれています。

錦織による「源氏物語絵巻」に向けた氏の溢れる思いが自身の言葉で語られ、絵巻制作のため、いいかえれば山口伊太郎の壮大な夢を実現するために集められた西陣の職人さんたちのことも、詳しく丁寧に言及された読み応えのある興味深い内容でした。

一九〇一年生まれの山口伊太郎が、一九七〇年から逝去するまでの三〇年あまりの歳月を費やして、織の集大成として続けたのが、「源氏物語錦織絵巻」の制作です。

たとえば、源氏物語の四十九帖「宿木」。懐妊して体調がすぐれず脇息《きょうそく》にもたれている中の君が、傍らで匂宮が奏でる琵琶の音色に涙する場面では、巻き上げられた御簾《みす》からのぞく中の君の、額にかかる美しい黒髪や十二単の有職《ゆうそく》の四菱《よつびし》の文様が立体的に表現されています。驚くことに、風に揺れる御簾に光をさえぎられた御簾内の景色と、御簾の外の彩度のコントラストも見事に再現されていました。

想像も及ばぬほど大変な挑戦であったことは疑いようもないのですが、いくつもの工程に携わる職人さんたちにとってはご自分たちの技量を発揮できる得難い機会の到来、充実した時間だったのではと想像します。

「織で自在に表現する」ことを手中にした天才性に感服し、山口伊太郎に対する興味は増す一方で、インターネットで検索しているうちにある方のサイトにたどり着きました。そこで出合った数本の帯の一本が「陶趣窯変文《とうしゅようへんもん》」です。

高温に保たれた窯で焼成中の焼きものの表面に、巧まずして現れた変化を意味する「窯変」の景色を帯の文様にと考え、織で表現した山口伊太郎の創造力に感心させられるばかりです。

抑制を効かせた地色に、窯の中で燃え盛る炎を連想させる鮮やかな朱、ところどころにのぞく金糸。大胆に、強烈な存在感を見せる墨色。ゴールドの細いフレームで、額装したくなる抽象画のような世界でした。

主役は断然この袋帯「陶趣窯変文」と考えて、合わせたきものは、何の迷いもなく選んでしまった緑がかった灰色の極鮫《ごくさめ》小紋です。

濃い地色に染めても目を凝らさねばわからない円弧状に並ぶ極小の白い点は、淡い地色であればなおさらのこと、周囲にすっかり紛れてしまいます。

ところが、型も染めも熟練の技を要求する極鮫小紋が、真価を発揮します。一越《ひとこし》のしぼの上に染められた無数の小さな点から、布の重なりに美しい景色が生まれていました。

山口伊太郎の帯
その1

きもの　灰白色地　極鮫小紋
帯　山口伊太郎作　袋帯「陶趣窯変文」
帯揚げ　赤味の灰白色無地縮緬
帯締め　高麗組　蒲

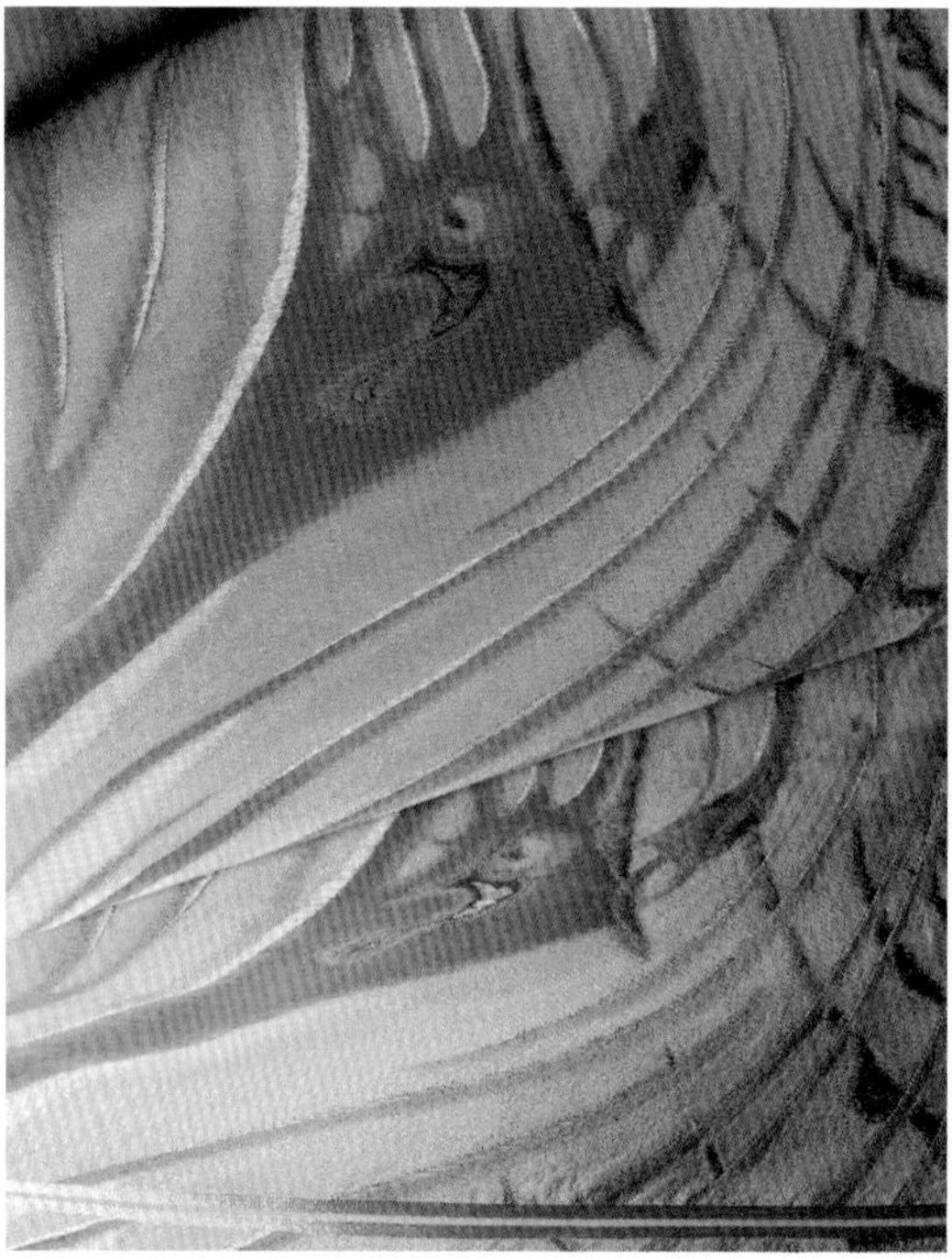

山口伊太郎の帯　その2

夕焼けの空を連想させるかのような、照りを抑えた地色に、層を重ねる瓦の屋根。リズミカルに並ぶ垂木《たるき》の丹色《にいろ》が美しい五重塔の姿。山口伊太郎の帯です。

山口伊太郎によって創業された西陣の織元「紫紘」を継ぐご家族によれば、天暦五年（九五一年）竣工、京都府最古の木造建築とされ、今も、周囲を鬱蒼とした緑に囲まれて端然と聳《そび》える、醍醐寺の五重塔を帯の文様にうつしたものであるとか。壮大な塔の外観をどのアングルでとらえるか、あれこれとご苦労して考えられた末の構図だったとうかがいました。

とりわけお太鼓にあたる部分に山口伊太郎が考えた、五重塔の大胆極まりない意匠に驚かされたのは、撮影の日、現場のモニターに映し出された画像を目にしたときです。何の根拠もないのに、思わず連想してしまったのが、前田青邨の作品でした。

撮影を終えて帰宅。いそいで本棚から手に取ったのは、前後の見返しの群青の色が美しい『前田青邨作品集』（一九七二年　朝日新聞社刊）です。

山口伊太郎が帯の本歌とした、五重塔の姿を描いた青邨の作品がどこかにないかしらというひそかな期待がありました。何事もそんなにうまくいくはずはないのですが、小さなガッツポーズをしてしまうくらい嬉しい発見がありました。

幸運にもたまたま手に入れた山口伊太郎の五本の袋帯の中に、お太鼓が平安の「蘭陵王《らんりょうおう》」の舞姿、帯前には、楓と桜を雅な様子で織り出した「蘭陵王」という格調の高い袋帯があります。この帯に出合った時、指先やつま先の返しの緊張感など、舞姿の美しさに驚かされたのですが、それとまったく変わらぬ「蘭陵王」という作品が図録の中にあったのです。

解説によれば岩崎家の依頼により描かれたという「蘭陵王」（紙本金地着色）は、昭和一一年（一九三六年）の作品です。あくまでも私の勝手な想像ですが、一九〇一年生まれの山口伊太郎は、三五歳。青邨の蘭陵王を目にする機会があったのではないでしょうか。舞楽のクライマックスのシーン。長くひいた裳裾《もすそ》が美しく翻る躍動感あふれる舞姿の装束の文様はそのまま残し、色彩を変え錦織で表現されていました。

さて、袋帯のお太鼓の五重塔の軒には風鐸《ふうたく》が見えます。風に揺れガランガランと音を立てて邪鬼を寄せ付けぬ、魔除けの意味があったという風鐸です。

香椎さんが膝に置いた愛らしい天平の風鐸。緑青の景色がなんとも言えず美しいこの小さな風鐸は、どんな塔の軒で魔除けの音を鳴らしていたのでしょう。

山口伊太郎の帯
その2

きもの　柳 崇作 賤機織 熨斗目訪問着
帯　山口伊太郎作「蘭陵王」、「五重塔」
帯揚げ　葡萄色無地縮緬
帯締め　高麗組 白橡
金銅製風鐸　天平時代

手仕事の饗宴

　麻の地を覆いつくすような菱刺しの文様。耳を澄ますと、神経を集中させて一心に布に向かう刺し手の微かな息遣いまでもが聞こえてきそうな、天羽《あもう》やよい作、南部菱刺しの帯「枯葎《かれむぐら》」です。

　一九七五年、当時二〇代後半だった東京生まれの天羽さんが移り住んだ八戸の町の本屋さんでたまたま手に取った一冊の本。天羽さんにとって運命的な出合いとなったのは、東北地方の民具や野良着の収集家として知られる在野の民俗学者、田中忠三郎氏の『南部つづれ菱刺し模様集』（一九七七年　北の街社刊）です。

　南部菱刺しは、江戸時代南部藩の所領だった青森県の東部に住む農家の女性たちによって脈々と受け継がれた手仕事のこと。田中氏が長年にわたって農家を訪ね、収集した古着に菱刺しされた夥しい数の模様を、丹念に記録したフィールドワークの結晶ともいうべき貴重な資料でした。

　書店の棚に並んだ一冊の高価な本は、一瞬にして天羽さんの心をとらえてしまいます。その後の人生を大きく変えることになった「南部の女性たちの手仕事の記録」に導かれるように菱刺しを始めた天羽さんにとって、師と仰ぐのはこの本だけ。完全な独学でした。

横一線に針を運んでいくうちに、布の上に少しずつ模様が見えてきてゆっくりゆっくり完成の形に育っていく。刺し手はそのゆるやかな成長を見続ける。刺している間の時間は流れ去ることなく布の上に確かなものとして定着していく。

（二〇一七年に書かれた、天羽さん自筆の文章から）

雑誌の誌面で拝見する天羽さんの姿や、取材に答え、丁寧に言葉を選びながら語る天羽さんのひとことひとことから伝わってくるのは、菱刺しに向かう天羽さんの覚悟や、心の奥に秘めた静かな激しさです。

ログウッドで染めた灰色と、もう一色、煎茶で染めた薄茶、この淡い二色の木綿糸で刺された精緻な文様に、ひと針ごとに込められた力強さが感じられました。

厳しい季節を耐えてきた北国の女性たちに綿々と受け継がれた精神が、天羽さんの菱刺しに込められているということに気づかされたのは、「枯葎」に合わせるきものを選んでいるときでした。

一見すると静かでやさしげな天羽さんの「枯葎」ですが、「枯葎」の帯が秘めた力に、対峙するきものがなかなか見つかりません。

あれこれ迷った末、思いついたのが今までも何度か登場したことのある結城でした。こっくりした濃い茶の地に、亀甲絣が描く麻の葉と流水文様。南部菱刺しの帯と結城紬が、黒紅の高麗組と青味の灰白色の帯揚げを従え、旧知の間柄のような調和を見せてくれました。

高麗組の黒紅の色目に重なる茜色や、藍の濃淡をはじめとする色とりどりの糸で、さまざまな寓意を含む動物や植物、日常の道具など、文様を織り出したイランの絨毯、スマック織。色もデザインも構成力も秀逸で、何よりも幸せな躍動感が感じられる。

きもの　結城紬　濃茶地に麻の葉の文様
帯　天羽やよい作　南部菱刺し「枯葎」
帯揚げ　青味の灰白色無地縮緬
帯締め　高麗組　黒紅
敷物　スマック織

特別な日

霜寒の候

年の瀬も迫ったある日のこと、A夫人からお電話をいただきました。

傘寿《さんじゅ》を祝う会にご招待いただいてから数年が過ぎているというご高齢にもかかわらず、時折辛口の時評をまじえた軽妙洒脱なお話は、時の経つのを忘れるほど刺激的で楽しく、予定の時刻を大幅に超え慌ててお暇するのが常でした。

「素晴らしい『勧進帳』のDVDが手に入ったの。あなた、いらっしゃらない」いつになく興奮なさった様子で話される夫人によると、「国宝とも言うべき伝説の舞台」なのだとか。

お約束の日、夫人のお好きなチョコレートをお土産に、閑静な住宅地のお住いをお訪ねしました。

この日の夫人のお召しものは、鈍色《にびいろ》の無地の三つ紋と、「龍村」の一重蔓中牡丹の丸帯。どう拝見しても別格の装いです。素晴らしい勘をお持ちの方ですから、私の頭の中に浮かんだクエスチョンマークをすぐに察して、

「だってあなた。今日は特別な日ですもの。橘屋、羽左衛門の富樫《とがし》なのよ」

夫人がおっしゃる羽左衛門とは美男の誉れ高く、戦前、歌舞伎ファンの婦女子たちを大いに熱狂させたという「花の橘屋」、一五世市村羽左衛門のことでした。

DVD観賞用に購入なさったという大きなテレビモニターが置かれたリビングの、中央の

テーブルにはロイヤルドルトンのティーセット。お手製のアップルパイも添えられて、夫人の意気込みが伝わります。

さて、かくも夫人を熱狂させてしまったＤＶＤは、一九四三年一一月の歌舞伎座公演を収録したものでした。この月上演された勧進帳の舞台のあまりの素晴らしさに、各方面から「是非、記録を」という声が上がり、記録映画としてある日の公演を撮影したものであることを、映像の中で松竹の創業者、大谷竹次郎氏が語っています。

弁慶を演じたのは、七世松本幸四郎、義経役の六世尾上菊五郎、そして羽左衛門の富樫。夫人ならずとも身を乗り出してしまいそうな、まさに夢の競演です。

「勧進帳」は能「安宅」を歌舞伎の舞台にうつしたいわゆる松羽目物《まつばめもの》。お囃子の音とともに、幕が開くと、能舞台の鏡板にならって松が描かれた松羽目を背景に、ずらりと勢揃いした囃子方が床几《しょうぎ》に、長唄社中が雛壇に並びます。

夫人は、背筋をぴんと伸ばして、身じろぎもせずに画面に見入っています。

弁慶の延年の舞に続く物語の最後は、奥州へ旅立つ義経一行の姿でした。花道の揚幕に弁慶が消えると、それまで息をつめていた夫人と私は顔を見合わせて、ともに大きく深呼吸。すっかり冷たくなった紅茶が、喉を潤してくれました。

霜寒の候

きもの　三つ紋　鈍色紋織無地
帯　龍村平藏製　一重蔓中牡丹紫地金襴
帯揚げ　深紅色無地縮緬
帯締め　鎌倉組「浮糸」
やきもの　塚本快示作　白磁菊花皿
チョコレート　LA MAISON DU CHOCOLAT
DVD　歌舞伎名作撰「勧進帳」松竹株式会社　NHKソフトウエア

金襴の帯は、ほの暗い日本家屋によく似合う。深い庇からわずかに差し込む陽にきらりと光って、確かな存在感を示す。花の橘屋が富樫を演じる「勧進帳」の舞台に見入るA夫人に相応しい装い。鈍色の無地の三つ紋と、龍村平藏の一重蔓中牡丹紫地金襴を考えた。赤味の強い帯揚げと、鎌倉組、浮糸の帯締めを添えた。白磁の皿、半襟、五三桐の紋の白が、清新なアクセントになっている。どうしても白磁の皿に載せたくて、メゾン・デュ・ショコラを取り寄せた。

唐代裂「花鳥文錦」のこと

西陣の職人さんたちの卓抜した技の発表の場として、京都の帯問屋、「帛撰」の小口和興さんが主宰する「新高機組の会」。有楽町の蚕糸会館の一階で開催されるこの会にほぼ毎回お邪魔しています。

小口さんとのお付き合いの最初は、品川恭子先生の個展会場で拝見したベネチアの宝石箱の意匠をうつしたエキゾチックな趣の袋帯でした。

以来、かれこれ二〇年になる小口さんとのお付き合いの中で、小口さんが臆することなく敬意を込めて「天才」と呼び、しばしば話題にのぼるのが「斎藤織物」の製造部長川口秀一さんです。

川口さんが手がけた復元の帯。たとえば、「冴え冴えと」と名付けた回（168ページ）で、友禅の訪問着に取り合わせたのは、鹿の革を薄く鞣《なめ》して金箔を貼り、細く切った緯糸で文様を織り出した遼代裂《りょうだいぎれ》のうつし。拝見すれば、いつも小口さんが口を極めて称賛する川口さんの力量も大いに頷けるところです。

正倉院伝来の裂を髣髴《ほうふつ》とさせる袋帯「花鳥文錦《かちょうもんにしき》」は、赤みを帯びた焦げ茶の地に、唐花を囲む四羽の花喰い鳥や花に戯れる蝶々、吉祥文の霊芝などが抑えた色調で織り出されたもの。いかにも異国の地に花開いた文化を思わせる錦の、本歌はシルクロードの出土品、唐代の織物でした。

この帯の制作にあたり、完成までの経緯を小口さんからうかがったことがあります。組織の検証などさまざまな困難がおありだったのでしょうが、おふたりが何よりも楽しんでいらっしゃる様子が伝わってきました。

帯をこよなく愛する者からの最高の賛辞としてご理解いただきたいのですが、誤解を恐れずに言えば、小口さんと川口さんは正真正銘の「裂オタク」です。

復元の帯「花鳥文錦」のルーツは、中国最西部に全国土のおよそ六分の一という広大な面積を有し、その面積の四分の一を砂漠が占めるという新疆《しんきょう》ウイグル自治区。かつて西域と呼ばれ、東西文化の交流の重要な役割を果たしたシルクロードの要とも称されるあたりです。

その新疆ウイグル自治区の、トルファン盆地に点在する夥しい数の墓の跡、アスターナ古墳群のひとつから出土した布の断片が、袋帯の本歌となった「花鳥文錦」でした（出土の唐代裂の名称であり、復元の帯もこの名称から）。

長さ三七センチ、幅二四・四センチの大きさの布の地色は真紅。青、黄緑、茶、黄白の緯糸で織り出した文様の色彩も鮮やかな状態で発見されたことが伝えられています。

出土した墓から同時に見つかった唐の大暦一三年（七七八年）の文書から、八世紀後半に織られた錦であると推定。一二〇〇年を超える歳月を経てもなお、組織も色彩も損なわれることなく発見された理由は、この地が砂漠地帯であったこと。極度に乾燥する砂漠という風土の賜物でした。

八世紀の西域に思いを馳せる。帯の愉しみはさまざまです。

唐代裂
「花鳥文錦」のこと

唐代裂をうつした袋帯「花鳥文錦」に合わせたのは、古代の色彩を生涯にわたって研究、再現した前田雨城の作品「麹塵《きくじん》」の訪問着。青白橡、山鳩色とも呼ばれる麹塵は、歴代の天皇が大祭以外の時に着用した色とされる。

きもの　前田雨城作　紋織無地　麹塵
帯　唐代裂うつし「花鳥文錦」
帯揚げ　茜茶色無地縮緬
帯締め　平家納経「不軽品」
図録　『漢唐の染織　シルクロードの新出土品』（一九七三年　小学館刊）
参考文献　前田雨城著『日本古代の色彩と染』（一九七五年　河出書房新社刊）

起き揚げの菊の花

龍村平蔵の丸帯「一燈菊《いっとうぎく》」です。鮮やかな朱色の地に、帯前の蜀江錦《しょっこうにしき》、二重に結んだ文庫には蛤《はまぐり》の香合が華やかな様子で織り出されています。

胡粉で菊花を起き揚げした蛤の香合は、裏千家八代目又玄斎一燈宗室《ゆうげんさいいっとうそうしつ》好みであったとか。「起き揚げ」とは、膠《にかわ》で溶いた胡粉を重ねて盛り上げ立体的に仕上げる技法のことを言います。

四〇年以上も前のことですから詳細な記憶については、いささか自信がないのですが、京都の国立博物館で桃山時代から江戸時代初期のあたりの障屏画《しょうへいが》を集めた展覧会がありました。会場のガラスケースに陳列された襖や屏風は、いずれもあまりにも絢爛豪華な作品ばかりで、お腹いっぱいに。あの時、もりもりの菊の起き揚げをたくさん目にしたことを覚えています。

蛤の香合をモチーフにした華やかな丸帯は、又玄斎に因んで「一燈菊」と名付けられています。

この丸帯の醍醐味は、なんと言っても帯前の格調高い蜀江錦と、背に結んだ文庫の重なりに浮かぶ香合の文様の、驚きのコントラストにあります。

もし、丸帯全体の柄が起き揚げの蛤の香合だったとしたら、ずいぶん雰囲気が変わっていたはず。こんな緊張感は到底望めません。

起き揚げの香合に蜀江錦を合わせたことや、ラピスやターコイズの色味を蜀江錦の文様の色に加えることを考えた人、初代龍村平蔵の並外れた発想力と独創性にひたすら感動してしまいます。

すっかり丸帯「一燈菊」に魅せられてしまい、取り合わせる振袖を探していた折、出合ったのが黒地の振袖で、しかも貝合わせの文様の友禅でした。

肩先や衿のあたりに置いた淡い色の雲取りには裏梅や捻り梅の文様が、裾や袖には平安貴族の雅な遊び、貝合わせの桶が染められて、菊花を描いた貝も散らされています。

貝桶の蓋に掛けられた組紐や梅の花の雄蕊《ゆうずい》に、目を凝らさなければ気がつかぬほど繊細な刺繡がほどこされ、時折、光を受けて慎ましやかな輝きを放ちます。卓抜した技量に支えられた細工は、どこまでも控えめです。

なかでも圧巻は、座った膝のあたり。亀甲柄に重ねた大きな捻り梅の花びらの輪郭を縁取る純白の刺繡と、貝桶の紐の先の房の相良《さがら》刺繡《ししゅう》。ところどころにあしらった紫や朱、藍の色がアクセントとなり、全体を引き締めています。

古風な取り合わせにしたい、そう考え、帯幅を広く、帯締めも驚くほど太いものを選んで、唐織の有職文様雲立涌《くもたてわく》の半衿に、朱の紗綾形《さやがた》の伊達衿を重ねました。

新春、お師匠さんにご挨拶を兼ねて、初稽古を付けていただく若い令嬢。そんな景色になりました。

白足袋から畳の冷たさが痛いほどに感じられる冬のころの、冴え冴えしたあたりの空気が感じられるでしょうか。

起き揚げの
菊の花

きもの　貝合わせ文様　友禅振袖
帯　龍村平藏製　丸帯「一燈菊」
帯揚げ　緋色総絞り
帯締め　朱色無地
半衿　唐織　雲立涌
箏監修　箏曲家　奥田雅楽之一

『一の糸』の主人公、茜に

酒田の取材を終え、帰りの飛行機までの待ち時間を利用して訪れた土門拳記念館で目にした土門の作品「文楽」。

昭和一六年から一九年にかけて土門が精力的に撮り続けた被写体の中に、豊竹古靭太夫《とよたけこうつぼだゆう》（のちの豊竹山城少掾《やましろのしょうじょう》）の姿がありました。

東京に戻り、古靭太夫のCDを何枚か取り寄せると、高速道路を飛ばしながら音量をあげ、太夫が幾色もの声を見事に使い分けて聞かせる「伽羅先代萩《めいぼくせんだいはぎ》」や「葛の葉」に、子を思う母の姿を思い浮かべて涙するという至福の時も過ごしました。

病膏肓《やまいこうこう》に入る状態で、太夫の来歴など調べるうちに、豊竹古靭太夫の相三味線をつとめた四代目鶴澤清六をモデルとした人物が登場するという小説『一の糸』に出合います。

書き出しの一行で、心をつかまれてしまった有吉佐和子の小説『一の糸』。

江戸から何代も続く裕福な造り酒屋のひとり娘である主人公、茜の数奇な運命が見事な筆で描かれた物語でした。

隣家の娘が患った眼病をうつされてしまった茜は、目の病に良いとされた紅絹《もみ》の一尺四方の裂を茶の湯の袱紗《ふくさ》のように小さく折りたたんで、いつの時も離さず持ち歩いています。主治医から必ず治ると言われながら、一年以上も目の見えぬ不自由を強いられている娘が不憫でならない父親は、気晴らしにと文楽の公演に連れ出すのですが、当の本人は気乗りしない様子です。退屈でたまらない茜は、ひざ元に置かれた銀製のボンボン入れから有平糖《ありへいとう》をつまんで口に入れます。出し物は「壇浦兜軍記《だんのうらかぶとぐんき》」琴責《ことぜめ》の段。文楽にまったく興味がなかったとは言え、歌右衛門の阿古屋を観ていた茜にとってはなじみのある作品でした。

白洲に引き出された華やかな傾城姿の阿古屋の恋情を切々と語る太夫の美声に寄り添って、緩急自在に繰る三味線の撥《ばち》さばき。茜は思わず身を乗り出して我を忘れ、父親に三味線が誰かと尋ねます。

文楽三味線、露沢清太郎と茜の運命的な出会いの瞬間です。

時が過ぎ、目も癒えて、清太郎に胸を焦がす茜は、父とともに出かける文楽公演を心待ちにするようになっていました。

そうした、ある日の「本朝廿《ほんちょうにじゅう》四《し》孝《こう》」の舞台。四段目は清太郎の三味線でした。

許嫁の武田勝頼が死んだと思い込んだ八重垣姫が、勝頼の絵姿の前で恋焦がれる場面。観客を魅了する、情感溢れる太夫の語り口に耳を傾けながら、茜は人形には見向きもせず、太夫の隣で三味線を構える清太郎に見惚れてしまいます。

浅葱の肩衣《かたぎぬ》を揺らすことなく、撥先からは的確に、ある時は激しく、ある時は優雅な音色が生まれ、太夫の息に合わせ、見事な間をためて裂帛《れっぱく》の気合を発すると、また、何事もなかったかのように静寂に戻る。有吉佐和子の手になる清太郎の描写に、茜ならずとも思わず前のめりになって物語の展開から目が離せなくなっていました。

少女から大人の女性に変わるほんのつかの間。得体の知れぬもどかしさに心揺れる茜に、このあと波乱の人生が待ち構えます。

『一の糸』の主人公、
茜に

きもの　小島悳次郎作
朱赤地に松竹梅文様
型染め振袖
帯　唐織　雲立涌
帯揚げ　緋色総絞り
帯締め　別注萌黄無地　貝ノ口組
半衿　唐織　雲立涌
光琳かるた（平凡社刊　田村将軍堂製作）
有吉佐和子『一の糸』（新潮社刊）

梅の香に

幽玄の美しさを代表する典型的な三番目ものの能「東北《とうぼく》」。物語の主人公は、紫式部らと並び称される王朝文学の担い手であり、恋多き女性の筆頭にあげられる和泉式部その人です。

春立つ景色の中、東國から旅立って、ようやく都にたどり着いた僧が、今を盛りと咲く梅を目にします。

僧は、得も言われぬ雅な花の景色にみとれ、目の前に現れた里の女に、梅のいわれを尋ねます。女は、その木こそ、和泉式部が植え「軒端《のきば》の梅」と名付けて、飽かず眺めた梅であることを語って聞かせます。

和泉式部や紫式部など、才媛たちが仕えた藤原道長の長女、彰子《しょうし》。上東門院の時代です。緋の大口に長絹《ちょうけん》姿、小面《こおもて》や若女《わかおんな》といった面を付けて、後シテとして登場するのは、和泉式部の霊。馥郁《ふくいく》とした梅の香が見所に漂うような、序の舞の美しさは格別です。

真に笑止なことではありますが、以前、「軒端の梅」の気分をちょっとだけ味わったことがありました。

母から遺されたきものの仕立て直しから、急接近してしまった「きもの」でした。

いい機会だからと、二〇年近くおやすみしていた謡や仕舞の稽古を再開することにして、妹とふたりで通い始めたのが、観世流の浅見真州師のお稽古場でした。

長いブランクのあとでしたし、以前父と通ったのは宝生流のお稽古でしたから、初級者用の謡本からの再スタートです。

お稽古を始めて二年か三年が過ぎたころから、毎年の春、当時松濤にあった観世能楽堂で開かれていた発表会に参加するようになって、ある年「東北」の舞囃子をやらせていただいたときのことです。

会に向けてのお稽古は、前年の晩秋あたりから始まるのが常でした。

なんとも贅沢なことに、お稽古していたのは都内には珍しい屋敷内舞台です。建物の中にも古い舞台があって、寒い季節はもっぱら室内なのですが、発表会に向けてお稽古がそろそろ佳境に入るのが二月のころ。つまり寒の真っ最中に外の舞台に立つことになります。お気の毒なのは、冷たい板の上に座って、欅の拍子盤を張扇で打ち、拍子をとってくださる先生でした。

足袋を通してしんしんと伝わる舞台の冷たさと、先生からの容赦ないお叱りの言葉にくじけそうになっていた時、ふと見上げた視線の向こう、目つけ柱の少し先の梅の古木の枝に、白梅が可憐に咲いていました。

叱られてばかりの情けない、わが身の舞姿はどこへやら、気分はすっかり軒端の梅を愛でる、歌舞の菩薩になってしまうのですから、いい気なものです。

久しぶりに「東北」の謡本を本箱から引っ張り出して読んでみました。

新春の張りつめた冷気の中、凜と咲く白梅を背景に語られる和泉式部の物語。詞章の美しさに酔っています。

梅の香に

金地に織り出された初春の景色。枝に咲く梅の花に、群青や弁柄、枇杷色など、意表を突く色目を差した感性に驚かされる。梅の木に訪れる小鳥(通説の鶯《うぐいす》は間違いで、本当はメジロだという)の、挽きたての抹茶のような鮮やかな緑は、咲き誇る梅によくうつる。この丸帯の文様は、四季折々の季節である。梅や桜や秋草をあしらい、鶴、鴛鴦、鶉《うずら》など鳥たちの姿を組み合わせて、季節に応じた晴れの日のきもの姿に格別の彩りを添える。

きもの　立涌唐草文、深紫の色無地
帯　四季の花鳥風月、綴れ丸帯
帯揚げ　弁柄色無地縮緬
帯締め　高麗組　深緋
漆平碗　川真田克實作

悠揚迫らぬ

以前、骨董通りの「もりた」さんのお店で拝見した貴重な古裂の中に、版木で色を重ねた更紗とはずいぶん趣の異なる、生成りの地にやさしげな草花の文様を描いた、稀少な手描きの更紗がありました。

龍村平蔵がヒントを得たのは、そんな更紗だったのでしょうか。象牙色の地に、緋色の花や深い緑の葉を縁取る輪郭と一重の蔓を、平金糸で織り出した丸帯「金更紗古《こ》渡《わたり》一重《ひとえ》蔓《づる》」です。

とても贅沢な帯なのに、「華やか」とか「豪華」という言葉では表現しきれない、不思議な魅力の「わけ」を、そういうことかと気づかされたのは、二枚の写真に目を凝らしつつ、文章を書き直していた時でした。

帯の表に見えるのは、控えめな草花の文様だけなのに、隠された裏側には、この文様を織り出す夥しい数の色糸や平金糸がびっしり渡っています。しかも幅七〇センチほどに織られた布を半分に折って仕立てた丸帯ですから、ずっしりと持ち重りのする、厚みのある帯です。いつも、登場してくださる方々に合わせて微妙に調整しながら、品の良いきもの姿を作り上げる着付けの石山美津江さんを、大いにてこずらせていました。

言葉足らずで、感動をうまくお伝えできないもどかしさを感じますが、文庫に結んだ帯をご覧になればまさに「百聞は一見に如かず」でしょう。

文庫に結んだ丸帯のふっくらと「悠揚迫らぬ」とでも形容したくなる品格は、「金更紗古渡一重蔓」の真骨頂です。威張ったところの少しもない古渡更紗のうつしの帯とはいえ、その静かな存在感は周囲を圧倒する力がありました。

そんな帯に対して、堂々と拮抗する魅力のあるきものをと選んだのは、ヴィンテージのシードビーズでびっしり埋め尽くしたような、葡萄色の極鮫小紋でした。目を凝らせば、一越の縮緬に円弧状に染められた無数の白い点がようやくわかるほど。縮緬の表面の凹凸に染めた精緻な小紋が、光を受けてなんとも言えない豊かなニュアンスを生み出します。

「金更紗古渡一重蔓」の帯と、葡萄色の極鮫小紋の取り合わせの核となる色味としたのは、鎌倉組の「浮糸」という「道明」の帯締めの一色「赤紫」です。

濃い藍に赤紫、黄、白の彩りを金糸が両端を挟む組紐一本を添えることで、一瞬にして心地よい緊張感が生まれます。例によって帯揚げと、今回は伊達衿も、赤紫のトーンを少しだけ抑えた色に染めました。

実は、この帯締め「浮糸」は、「霜寒の候」（143ページ）にも登場しています。鈍色無地の三つ紋に、龍村平藏の一重蔓中牡丹を合わせ、帯締めのひと色に染めた帯揚げは、今回の少し抑えた赤紫ではなく、少し赤味の強い色です。

微妙に異なる二枚の赤紫の帯揚げは、並べてみてもさほどの差があるわけではないのですが、そのわずかな違いが気になって、今回も撮影を前にしたギリギリのタイミングで三浦さんに染めをお願いしてしまいました。

悠揚
迫らぬ

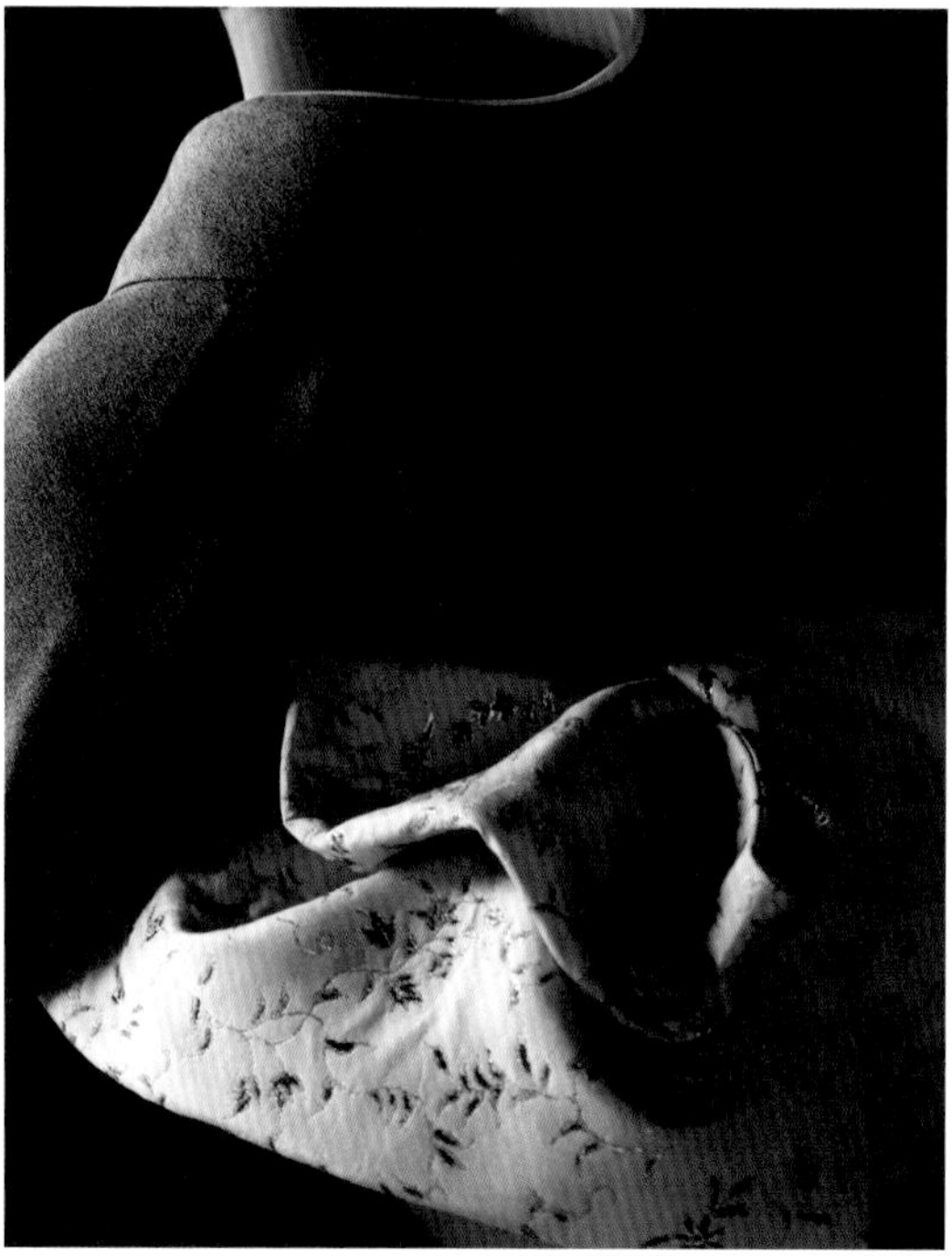

きもの　葡萄色　極鮫小紋
帯　龍村平藏製　金更紗古渡一重蔓
帯揚げ　赤紫無地縮緬
帯締め　鎌倉組「浮糸」
段通「蓮団花文」

冴え冴えと

将来に向けての目標もあいまいで、なんとなく居心地の悪いまま迎えた四〇代半ばの私に、癌で逝った母が遺してくれたきものや帯がきっかけとなって、思いもよらない転機が訪れました。

幼いころから続けていた日本舞踊や、謡と仕舞の稽古できものに馴染んでいたとはいえ、いつだって母に任せきり。それまで「きもの」には、何の興味もなかったのです。

にわかに沸き起こった「熱」に少々戸惑いながら、目の前に現れる扉を開けると、新しい扉が現れ、その向こうには、決まって幸せなご縁が待ち構えていたという、あっという間の二十数年でした。

熱に浮かされて毎日のように通っていた、「伊兵衛工房」の高林淑子さんが紹介してくださった、宇治にお住いの品川恭子先生とも、さまざまな場面でご一緒させていただきました。

ある年、自宅近くにあるお鮨屋さん、「醍醐」の、刻んだアナゴと錦糸卵をたっぷりのせたチラシ寿司をお土産に、品川先生とふたり、お仕覆《しふく》作家の上田晶子さんのお宅をお訪ねしたことがありました。

インドの更紗や、中国の錦、ペルシャの布など、貴重な古い布の収集家でもある上田さんのたくさんの稀少な古裂を前にして、目を輝かせていらした先生に、上田さんがプレゼントなさったのは清代の刺繡裂です。

この古裂の文様をうつした友禅の訪問着「唐衣」は、同じ年の秋、虎ノ門のホテルで開かれた「品川恭子染色展」の会場にありました。

衣桁《いこう》に掛けられた訪問着は、弁柄色と枇杷色の中間のような艶やかな地色。揚羽蝶、葡萄、瓜、金魚、柘榴、竹や牡丹花など、刺繡裂のモチーフが、品川作品の真骨頂ともいえる、濁りのない明解な色彩で描かれていました。

以前、古美術のお店で、淡い藤色の、正倉院裂の「夾纈《きょうけち》」の断片をじっとご覧になりながら、あれこれと思いを巡らせ興奮していらした先生。ご自分が「作りたい」と思われるものに出合われた時の先生の嬉しそうな様子が、今でも目に浮かびます。

訪問着「唐衣」に合わせた帯は枇杷色の地。薄く鞣した鹿革に金箔を貼り、細く切ったものを緯糸としてペイズリー文様を織り出した遼代裂の復元の帯です。

あえて同系色を取り合わせたきものと帯、そして帯揚げ。意表をつく色彩を添えて全体の引き締め役にと考えた高麗組は、鶸萌葱《ひわもえぎ》色の無地。

今更ではありますが、細い組み紐が担ってくれる大きな力に驚かされています。

冴え
冴えと

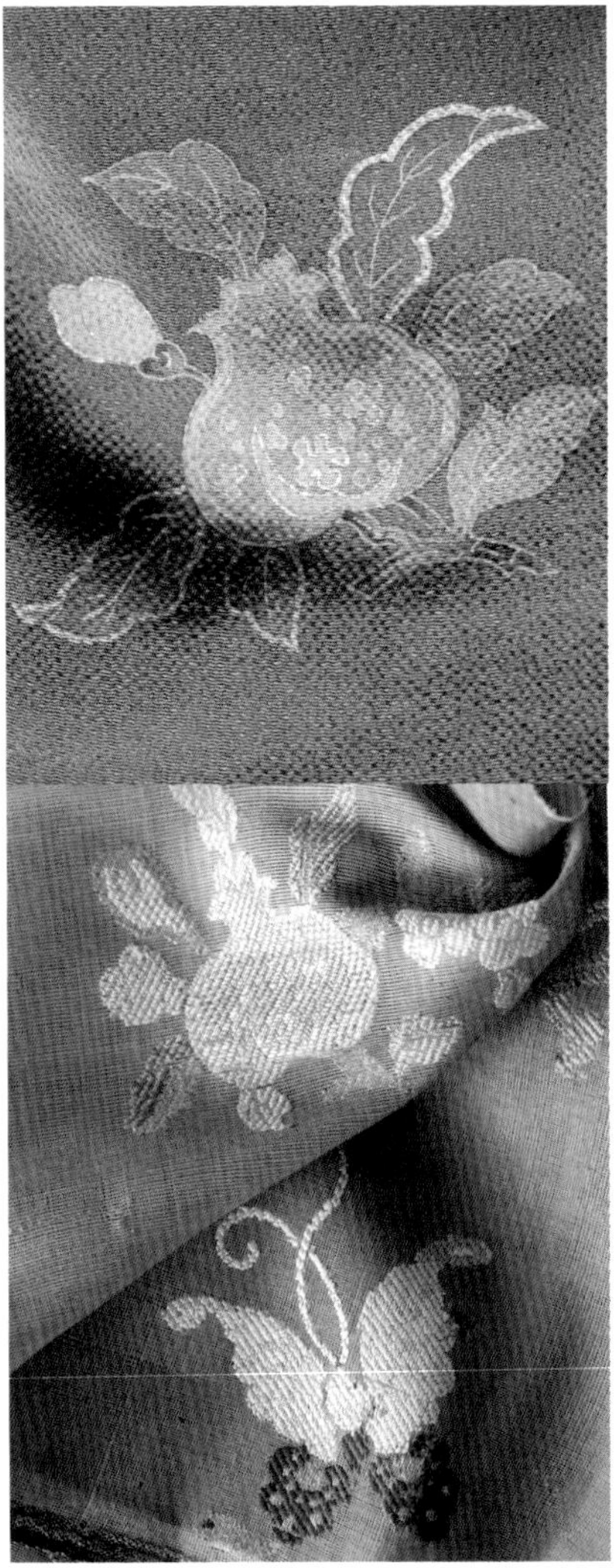

きもの　品川恭子作 友禅訪問着「唐衣」
帯　遼代裂「唐花文」復元の袋帯
帯揚げ　弁柄色無地縮緬
帯締め　高麗組　鶸萌葱
帯の本歌、清代刺繡裂

蓮のうてなに

二〇一九年の一月号は、清代の刺繡裂をうつした友禅の訪問着「唐衣」に、遼代裂の復元の帯「唐花文」、鶸萌葱色の高麗組の取り合わせ。三島由紀夫の『豊饒の海』第一部「春の雪」のヒロイン、綾倉伯爵の令嬢、聡子に重ねてしまいそうな仙道敦子さんの姿でした。

二年後、二〇二一年のお正月号のために、考えた取り合わせは、品川恭子作、友禅の訪問着に、新春の景色にふさわしい、金地に松の袋帯「千歳の松」。弁柄色の縮緬の帯揚げに、錆朱の高麗組も、仙道さんの姿を想像しながら準備していました。

撮影を前にしてあらかじめ浅井佳代子カメラマンと考えたのは、多少の寄り引きの違いはあるものの、シーンを作り上げる要素はほぼ同じ、ポーズもほとんどそのままの絵作りです。前回の作品と比較すると色数を抑えた落ち着いた印象の訪問着。なので、例によって色や柄を重ねる何かが欲しくなり、思案しているうちに願ってもない出合いに恵まれました。

今までにも何度か撮影にご協力いただいているMUNIの、チャイニーズラグ「明式蓮文《みんしきはすもん》氈《せん》」です。ラグの彩りや織り出された景色が加わることで、求心力が生まれ、一枚の絵が完成されます。

きもの合わせの面白さは、色や柄を重ねることで生まれる調和だと思っています。帯ときものだけでは、なんだかよそよそしかった関係が、帯揚げを添え、帯締めを置くと、たちまちのうちに気持ちの良い緊張感を……

拙著『きもの熱』の最終章「過剰なる色彩」でこんなことを書いていました。

二〇〇四年の夏あたりに撮影された「過剰なる色彩」に登場してくださったのは、和久傳の桑村祐子さん、当時はまだ、若女将の時代でした。

やや赤みを帯びた淡い墨色の地に花紋を染めた友禅の訪問着は品川恭子作。帯は、同系の地に、印象的な緑青色の立涌が、金、枇杷色、葡萄色、白で彩られた四弁の花を囲みます。ベネチアの宝石箱の意匠をうつした袋帯「洋唐花立涌文《ようからはなたてわくもん》」です。平家納経の妙音品《みょうおんぼん》の帯締めに、紐のひと色に染めた無地の縮緬の帯揚げをそれぞれ取り合わせました。

祐子さんが手にしているのは、撮影のために友人から拝借したお雛様。畳では何か物足りないとチャイニーズラグ「福寿文氈《ふくじゅもんせん》」を敷き、床の間のお軸は室町の水墨画を掛けています。

撮影に臨む姿勢も、ついついこだわってしまうあれこれも、この当時から今もほとんど変わることなく同じようなことを繰り返していたのだと、何も変わっていないことに我ながらびっくりしています。

昨年の年明け近くから世界中の人々の暮らしに深刻な変化をもたらしたコロナという悩ましい状況の中、何人かの大切な方々、友人を失いました。

藍の濃淡に染めた糸で蓮の花を織り出した、飛び切り美しいラグに端然と座る、仙道さんの姿に、極楽浄土の蓮の台《うてな》を想像しています。

蓮のうてなに

きもの　品川恭子作　友禅訪問着
帯　袋帯「千歳の松」
帯揚げ　弁柄色無地縮緬
帯締め　高麗組　錆朱
敷物　チャイニーズラグ「明式蓮文氈」

かつてルイス・カムフォート・ティファニーが所有し、ティファニー・パレス・ラグと呼ばれる敷物は、一六世紀、明代に製作された最高峰の絨毯であり、近年クリスティーズのオークションに出品。一億数千万円という金額で落札され話題となった。今回登場の「明式蓮文氈」は、そのティファニー・パレス・ラグを、中国甘粛省にあるMUNIの工房「漢氈居」で復元したもの。四方を囲むナチュラルブラウンウールのボーダーや、大黄、槐《えんじゅ》、蘇芳、姜黄《きょうおう》、藍といった植物染料で染めたウールの糸で織り出されたさまざまな文様、とりわけ藍の濃淡で表現された蓮の花の美しさが際立つ。

帯揚げの色名について

長いお付き合いを続けている京都の「三浦清商店」さんには、これまで数々の無地の縮緬や絽縮緬を染めていただいてきました。

『時のあわいに』収録の全三八話に使用した帯揚げの中で、特に苦労したのが葡萄色と弁柄色と蘇芳でした。この三色は、ほんのわずかに色味の異なる帯揚げを縮緬と絽縮緬、数枚ずつ染めていただいているのですが、それぞれに別な名前を付けるのはとても難しいことでした。そこで今回は同系統の色としてまとめ、それぞれ葡萄色、弁柄色、蘇芳と記載しています。

ほかの色に関して、たとえば、「春風入萬物」（8ページ）と「母のひとこと」（36ページ）で使用した帯締め、平家納経の厳王品のひと色に合わせた二枚の帯揚げは、わずかに色味を変えているものの、ともに栗金茶と呼んでいます。

「霜寒の候」（143ページ）と「悠揚迫らぬ」（164ページ）は、同じ鎌倉組の浮糸という帯締めに使われた赤紫の系統の色に合わせ染めた二枚ですが、前者を深紅色、後者を赤紫としました。灰白色は赤味のニュアンスを感じさせるものと青味を感じさせるもの、赤味の灰白色、青味の灰白色と区別しています。

あとがき

十二年あまり「ミセス」で清野さんの連載を撮影させていただきました。

長い間と言うべきかも知れないけれど、私には時の感覚がほぼありません。

清野さんの審美眼で集まって来たものたちの力、
魅力が蓄積して大きなエネルギーを与えてくれていること。

それは、回を重ね、たくさんのものたちと接することができたからなのだと、十二年の時に納得がいきます。

きものは組み合わせ。

選ぶ人の審美眼で如何様にも変化します。

センス……それだけでは収まらない何か、
清野さんが美しいと思う何か、
その何かの世界を私も美しいと思うので、毎回元気に成長させていただける撮影でした。

ものたちがお互い讃え合うように組み合わされ、
女優たちが纏い、きものたちは喜び、魅力的な演技に申し分のない空間。

この美しい状況が私にどれほど見えているのか、読者にお伝えできるのか……。

小さくなってしまう私を押しやり、
えぇーい!! どんと来い!! 頭で考えてもどうしようもない。

ただただ身をまかせ、ありがとうの心で撮ってきました。

美しいものを見ると元気が出ます。

もし読者の方たちに少しでも元気を与えることができていたなら、これ以上の嬉しいことはありません。

手に取っていただき本当に
　ありがとうございます。

コロナ禍での出版になりました。
乗り越え、愛と光の世の中になりますように。

浅井佳代子

きものや帯、帯揚げや帯締めを取り合わせ、文章を添える。そんな連載を続けて二〇年近い時間が過ぎました。

『時のあわいに』には六年分、七〇回の連載から選んだ三八の物語が収められています。一冊の本を作るために、充分な時間をかけ、何よりも良いものとの出合いを大切にしたいという思いはずっと変わりません。

帯は私にとっていつの時も興味の中心にでんと構えています。過ぎ去った歳月を味方にした「すがれた」藍の布団がわで仕立てた帯から、遥か遠い昔の唐や遼の時代の裂を復元した帯、龍村平藏や山口伊太郎など西陣の天才たちが、その豊かで斬新な発想力により作り上げた帯が次々と私の前に現れてくれました。そんな帯たちを目にするたび、あれこれと想像をめぐらせ、ある時は唐代裂が出土した新疆ウイグル自治区のアスターナ古墳群を訪ねたり(あくまでも妄想の世界ですが)、奈良博の正倉院展のガラスケースを思い浮かべたり、好きな画家の作品集のページをめくったりと、何ものにも代えがたい楽しい時間を過ごしました。

本作りにいたるさまざまな経緯を思い浮かべると、今後、時折、雑誌の誌面で取り合わせなどお目に掛けることはできても、新しい連載を始めることはまず無理だと思っています。

そんなわけで、『時のあわいに』は、きものの情景をまとめた、私の最後の単行本です。

冒頭に書いたような仕事を始めるきっかけとなったのは、女性誌「メイプル」(集英社刊)の連載「樋口可南子のきもののまわり」でした。

二〇代後半、最初のきもののブームを経験していた女優、樋口可南子さんに訪れた二度目のきもののブームと、母から遺されたきものの仕立て直しに端を発した私のきものへの急激な傾倒がシンクロしていた時期です。当時、きものに熱狂しているというだけで、たいした知識もなかった私に突然の「エリちゃん手伝って」という可南子さんからの無茶ぶり。

相当な戸惑いもありましたが、「従来のきもののページとは一線を画す絵作り」を目指したいという可南子さんの強い思いを共有しながら、ともに手探りで続けた連載は二年続き、一冊の単行本になりました。この『樋口可南子のきものまわり』が、清野恵里子の著者名で出版されたことが、とても幸運だったのだとあらためて実感しています。

その後も、可南子さんとは、『樋口可南子のものものがたり』、『樋口可南子のいいものを、すこし。』（ともに集英社刊）、「和樂」（小学館刊）の古寺を訪ねる季刊連載など、ずいぶんたくさんのお仕事をご一緒させていただき、その間に、私自身の連載も始まりました。

私の最初の連載をまとめた『きもの熱』（集英社刊）の単行本が上梓されて、三年が経った二〇〇八年の夏。当時「ミセス」の副編集長だった落合眞由美さんから連載のお話を頂戴し、翌年一月発売の二月号から「きもの随想」というタイトルで連載が始まりました。

声をかけてくださった落合さんも、カメラマンの浅井佳代子さんをはじめとする我々撮影チームも、こんなに長い間連載が続くとは思っていなかったはずです。

長い連載の前半をまとめた『折にふれて』に続く後半の六年も、引き続き毎回撮影現場に立ち会ってくださった編集長、落合さんと担当の編集者、須藤幸恵さん。チームは、スタート時から変わらぬメンバーに加えて、終盤に差し掛かった時期に、ご両親をお世話するため故郷に戻ることになったヘアメイクの高野雅子さんにかわって藤垣結圭さん、浅井さんの頼りになるチーフアシスタント、片山延立及さんも参加してくれました。

最終回となった二〇二一年の四月号が本屋さんの店頭に並ぶころ、文化出版局から、連載を単行本にしてくださるという正式な決定のご連絡をいただきました。

若いころからずっとあこがれの存在だった雑誌「ミセス」というステージで、長年にわたり連載を続けさせていただけたことを誇りに思っています。「ミセス」への感謝の気持ちを込め、悔いのない本を作ろうと、連載のページにさまざまな形で関わってくださった方たちにも、それぞれの立場から、校正原稿に目を通していただきました。

『きもの熱』以来、ずっとなくてはならぬ人だった編集者の南部麻子さんを昨年二月に亡くしました。その前年の夏から札幌の病院に入院していた南部さんは病室にノートパソコンを持ち込んで、撮影のたび私が送る連載のきもの姿の画像を楽しみにしてくれていたようです。

大切なメンバーを欠いた本作りのチームの助っ人となってくれたのが、取材でお会いして以来お付き合いを続けていた「クウネル」（マガジンハウス刊）の元編集長太田祐子さん。厳しい一面もある方ですが、相性は抜群だったと安堵しています。デザイナー、鈴木成一さんとボスをサポートする岩田和美さん、校閲の山崎淳子さんも、みな気心の知れた仲間です。

昨年の春からいっこうに終息の兆しの見えないコロナ禍とそれに伴う厳しい状況の中で、本を出してくださることをジャッジしてくださった文化出版局、ご担当の大沢洋子さんにも心からお礼を申し上げます。

おひとりおひとりのお名前をここに並べ、感謝の気持ちをお伝えしたいくらい、いつにも増して、幸せを感じる『時のあわいに』の単行本の制作でした。

古澤万千子先生の作品、薄紅色の空に羽ばたく鶴たちとともに、晴れやかな気分をお届けできることを心から願っています。

二〇二一年一一月　　　　清野恵里子

蒼井 優《あおい・ゆう》　〈54–55、86–87、119ページ〉

福岡県出身、俳優。一九九九年、ミュージカル「アニー」でデビューし、二〇〇一年「リリイ・シュシュのすべて」（岩井俊二監督）で映画デビュー。一七年に主演を務めた「彼女がその名を知らない鳥たち」（白石和彌監督）で第四一回日本アカデミー賞最優秀女優賞やキネマ旬報ベスト・テン主演女優賞などを受賞。また一八年の舞台「アンチゴーヌ」「スカイライト」で第五三回紀伊國屋演劇賞、第二六回読売演劇大賞最優秀女優賞、芸術選奨文部科学大臣新人賞を受賞。二〇年に主演した「スパイの妻〈劇場版〉」は第七七回ヴェネツィア国際映画祭で黒沢清監督が銀獅子賞（最優秀監督賞）を受賞した。

安藤サクラ《あんどう・さくら》　〈15、27、115ページ〉

東京都出身、俳優。二〇〇七年、映画「風の外側」（奥田瑛二監督）でデビュー。映画を中心に活躍し、主な出演作品は〇九年「愛のむきだし」（園子温監督）、一二年「かぞくのくに」（ヤン・ヨンヒ監督）、一四年「0.5ミリ」（安藤桃子監督）、「百円の恋」（武正晴監督）、一七年「追憶」（降旗康男監督）など。一八年にはNHK連続テレビ小説「まんぷく」でヒロインを演じ、エランドール新人賞を受賞。同年公開の「万引き家族」（是枝裕和監督）はカンヌ映画祭にてパルムドールを受賞した。二一年に石川慶監督「ある男」の公開を控える。

大出真理子《おおいで・まりこ》　〈47、51ページ〉

神奈川県出身。一〇代からモデルとして資生堂専属のほか、さまざまなCMや雑誌で活躍。現在は葉山文化園（神奈川県）で、セミナーやイベント等のコーディネーターを務める。

香椎由宇《かしい・ゆう》　〈131、135ページ〉

神奈川県出身、俳優。小学校6年間をシンガポールで過ごした。二〇〇五年、「ローレライ」（樋口真嗣監督）でデビュー後、数多くのドラマや映画に出演し、「リンダリンダリンダ」（山下敦弘監督）での存在感ある演技が認められ、第二九回山路ふみ子映画賞新人女優賞受賞。

門脇 麦《かどわき・むぎ》　〈166–167ページ〉

東京都出身、俳優。二〇一一年、テレビドラマでデビュー。一四年、映画「愛の渦」（三浦大輔監督）での演技が注目を集め、第八八回キネマ旬報ベスト・テン新人女優賞など数々の新人賞を受賞。一六年には「二重生活」(岸善幸監督)で単独主演を務め、一八年「止められるか、俺たちを」(白石和彌監督)で第六一回ブルーリボン賞主演女優賞を受賞。二〇年のＮＨＫ大河ドラマ「麒麟がくる」ではヒロインを務めた。二一年公開の主演映画「あのこは貴族」(岨手由貴子監督)では、新たな一面を見せている。

北浦 愛《きたうら・あゆ》　〈79ページ〉

東京都出身、俳優。二〇〇四年、映画「誰も知らない」で是枝裕和監督に見いだされデビュー。第一九回高崎映画祭にて最優秀新人女優賞を受賞。その後も映画「きみの友だち」(廣木隆一監督)、「この国の空」(荒井晴彦監督)、テレビドラマ「コタキ兄弟と四苦八苦」、「ＭＩＵ４０４」、「ライオンのおやつ」など多数出演。また一六年、阿佐ヶ谷スパイダースの「はたらくおとこ」への出演を皮切りに二〇年の「赤鬼」など舞台でも活躍。二二年には初の音楽劇「あらしのよるに」に主演した。

忽那汐里《くつな・しおり》　〈154-155、158-159ページ〉

オーストラリア出身、俳優。二〇〇六年の第一一回全日本国民的美少女コンテストで審査員特別賞を受賞後、テレビドラマや映画にて活躍。一三年「許されざる者」(李相日監督)、「つやのよる　ある愛に関わった、女たちの物語」(行定勲監督)で第三七回日本アカデミー賞新人俳優賞を受賞。主な出演作に「黒衣の刺客」(ホウ・シャオシェン監督)、日本・トルコ合作映画「海難１８９０」(田中光敏監督)、「女が眠る時」(ウェイン・ワン監督)など。近年はハリウッドで活動。四年ぶりとなる日本の作品で、大相撲の世界を描くネットフリックスドラマ「サンクチュアリ　―聖域―」が二〇二三年に配信予定。

坂井真紀《さかい・まき》　〈123、127、143、147ページ〉

東京都出身、俳優。一九九二年にドラマデビュー。以降、映画、ドラマ、バラエティなどで幅広く活躍。舞台での人気も高く、〇四年の劇団☆新感線「髑髏城の七人」をはじめ、ナイロン100℃「シャープさん　フラットさん」など客演多数。二一年は映画「鳩の撃退法」(タカハタ秀太監督)、「燃えよ剣」(原田眞人監督)、舞台・大人計画「パ・ラパパンパン」へ出演。

仙道敦子《せんどう・のぶこ》　〈11、22-23、30-31、34-35、38-39、42-43、59、66-67、71、74-75、106-107、138-139、151、163、171、175ページ〉

愛知県出身、俳優。一九八一年「判決―生きる」でデビュー、テレビドラマや映画、舞台などで幅広く活躍。八三年「白蛇抄」(伊藤俊也監督)で日本アカデミー賞新人俳優賞等を受賞。九五年から芸能活動を休止していたが、一八年、ドラマ「この世界の片隅に」で俳優復帰。以降、一九年、NHK連続テレビ小説「なつぞら」、アニメーション映画「君は彼方」、ネットフリックスオリジナルドラマ「呪怨」、「キワドい2人」などに出演。

中嶋朋子《なかじま・ともこ》　〈103ページ〉

東京都出身、俳優。国民的ドラマ「北の国から」で二二年の長きにわたり、蛍役を務める。以降、映画、舞台へも活躍の場を広げ、実力派として高い評価を得る。山田洋次監督の信頼篤く、一三年の「東京家族」、一六年「家族はつらいよ」、一七年「家族はつらいよ2」、一八年「妻よ薔薇のように(家族はつらいよⅢ)」など出演が続く。また、二〇〇九年、舞台「ヘンリー六世」のマーガレット役で第四四回紀伊國屋演劇賞個人賞、第一七回読売演劇大賞優秀女優賞を受賞。近著に『めざめの森を　めぐる言葉』(講談社刊)がある。

成海璃子《なるみ・りこ》　〈83ページ〉

神奈川県出身、俳優。二〇〇〇年「TRICK」にてドラマデビュー、〇五年には「瑠璃の島」で初主演、〇七年に「神童」(萩生田宏治監督)で映画初主演を務める。同年の「あしたの私のつくり方」(市川準監督)の二作で第三二回山路ふみ子映画賞新人女優賞を受賞。近年の出演作は、「海辺の映画館―キネマの玉手箱」(大林宣彦監督)、「ジオラマボーイ・パノラマガール」(瀬田なつき監督)。

美村里江《みむら・りえ》　〈90-91、111ページ〉

埼玉県出身、俳優、エッセイスト。二〇〇三年「ビギナー」でドラマ、翌年「海猫」で映画デビュー。以降、ドラマや映画で活躍。〇八年「落語娘」(中原俊監督)で主演を務め、一五年には「スタンド・バイ・ユー～家庭内再婚～」で初舞台を踏んだ。一八年三月、〝ミムラ〟から改名。書評や悩み相談などの文筆も手掛け、産経新聞、日本経済新聞、週刊エコノミストなどで連載中。近著に初の歌集『たん・たんか・たんく』(青土社刊)がある。

蓮佛美沙子《れんぶつ・みさこ》　〈95ページ〉

鳥取県出身、俳優。二〇〇六年、「犬神家の一族」(市川崑監督)でデビュー。〇七年、映画「転校生―さよならあなた」(大林宣彦監督)で初主演を果たし、第八一回キネマ旬報ベスト・テン日本映画新人女優賞ほかを受賞し、注目を集める。近年の出演作はドラマ「37.5℃の涙」、「お義父さんと呼ばせて」、NHK連続テレビ小説「べっぴんさん」、「恋はつづくよどこまでも」、「きれいのくに」、映画「天外者」(田中光敏監督)など。

お世話になった方々

井上保美
江戸組紐 中村正
太田 和
大富絵美梨
緒方亜衣
岡本政子
奥田雅楽之一
落合眞由美
海田晶子
片山延立及
桑村祐子
小島秀子
古民藝 もりた
齋藤貴子
茶道会館
紫紘
品川恭子
澁江雅代
志村哲也
白井 進
シルクラブ
菅原香織
須藤幸恵
須永美紀
丹後 きものゐん
南部麻子
日本民藝館
根津后方子
帛撰
畠中鈴子
博古堂
福村義親
不思庵 土居節子
古澤万千子
真栄城興茂
三浦清商店
ミーリーコレクション
MUNI
室町の加納
矢代 仁
有職組紐 道明
渡辺照美

（敬称略・五十音順）

ヘア&メイク 高野雅子
藤垣結圭
着付け 石山美津江
ロケバス 高田浩司
校閲 山崎淳子
編集 太田祐子（タブレ）
進行 大沢洋子（文化出版局）

＊本書は文化出版局より刊行の前作『折にふれて きものの四季』の続編です。
月刊誌「ミセス」の連載「清野恵里子のきもの歳時記」、
「時のあわいに」をもとに大幅な加筆修正をし、まとめたものです。

清野恵里子

せいの・えりこ

群馬県出身、文筆家。能や歌舞伎など日本の伝統芸能に強く関心を寄せ、甘くなり過ぎることのない柔らかな語り口で綴られるきものの景色に、多くの支持を集める。古美術や工芸、芸能などジャンルを超えた世界に向けられる旺盛な好奇心は現在進行形で、雑誌の企画、構成、執筆活動を行う。著書に、前作『折にふれて　きものの四季』（文化出版局刊）のほか、今作共著者の浅井佳代子と初めてタッグを組んだ『きもの熱』、また『清野恵里子のきものの愉しみ　帯あそび』（ともに集英社刊）など多数。二〇一七年に上梓した『咲き定まりて　市川雷蔵を旅する』（集英社インターナショナル刊）では、膨大な資料をもとに市川雷蔵とその時代の日本映画界を活写し、新境地を開いた。

浅井佳代子

あさい・かよこ

兵庫県出身、写真家。フリースタイリストとしてキャリアをスタートさせるが、やがて撮る側へと転向。一九八五年、フリーのカメラマンとして活動を開始し、二〇〇〇年には関西から東京へと拠点を移す。雑誌、広告などで幅広く活躍。読売、毎日、朝日のそれぞれ広告賞を受賞している。二〇〇九年から「ミセス」で連載した「清野恵里子のきもの随想」、「清野恵里子のきもの歳時記」、「時のあわいに」のすべての撮影を担当。自然光の中で着る人それぞれの美を切り取り、背景の物語をも感じさせる写真世界を構築した。「光の魔術師」とは清野恵里子の評。

時のあわいに

きものの情景

二〇二一年一一月二一日 第一刷発行

著者 清野恵里子
浅井佳代子

発行者 濱田勝宏
発行所 学校法人文化学園 文化出版局
〒一五一-八五二四 東京都渋谷区代々木三-二二-一
電話〇三-三二九九-二四八九（編集）
〇三-三二九九-二五四〇（営業）
印刷所 株式会社文化カラー印刷
製本所 大口製本印刷株式会社

文化出版局のホームページ http://books.bunka.ac.jp/